O selo DIALÓGICA da Editora InterSaberes faz referência às publicações que privilegiam uma linguagem na qual o autor dialoga com o leitor por meio de recursos textuais e visuais, o que torna o conteúdo muito mais dinâmico. São livros que criam um ambiente de interação com o leitor – seu universo cultural, social e de elaboração de conhecimentos –, possibilitando um real processo de interlocução para que a comunicação se efetive.

Gestão de políticas públicas: conceitos, aportes teóricos e modelos analíticos
Paulo Nascimento Neto

Rua Clara Vendramin, 58 • Mossunguê
CEP 81200-170 • Curitiba • PR • Brasil
Fone: (41) 2106-4170
www.intersaberes.com
editora@editoraintersaberes.com.br

conselho editorial	Dr. Ivo José Both (presidente)
	Dr.ª Elena Godoy
	Dr. Neri dos Santos
	Dr. Ulf Gregor Baranow
editora-chefe	Lindsay Azambuja
gerente editorial	Ariadne Nunes Wenger
assistente editorial	Daniela Viroli Pereira Pinto
preparação de originais	Larissa Carolina de Andrade
edição de texto	Letra & Língua
	Larissa Carolina de Andrade
capa	Débora Gipiela (*design*), HAKKI ARSLAN e mouu007/ Shutterstock (imagens)
projeto gráfico	Raphael Bernadelli
fotografias de abertura	ESB Professional/Shutterstock
diagramação	Andreia Rasmussen
equipe de design	Débora Gipiela
iconografia	Regina Claudia Cruz Prestes

Dado internacionais de Catalogação na Publicação (CIP)
(Câmara Brasileira do Livro, SP, Brasil)

✦ ✦ ✦

Nascimento Neto, Paulo
 Gestão de políticas públicas: conceitos, aportes teóricos e modelos analíticos/Paulo Nascimento Neto. Curitiba: InterSaberes, 2021. (Série Gestão Pública)

Bibliografia.
ISBN 978-65-5517-883-8

1. Administração pública 2. Políticas públicas I. Título. II. Série.

20-50396   CDD-351

✦ ✦ ✦

Índices para catálogo sistemático:
1. Políticas públicas: Administração pública 351
Cibele Maria Dias – Bibliotecária – CRB-8/9427

1ª edição, 2021.

Foi feito o depósito legal.

Informamos que é de inteira responsabilidade do autor a emissão de conceitos.

Nenhuma parte desta publicação poderá ser reproduzida por qualquer meio ou forma sem a prévia autorização da Editora InterSaberes.

A violação dos direitos autorais é crime estabelecido na Lei n. 9.610/1998 e punido pelo art. 184 do Código Penal.

Sumário

Dedicatória, x

Apresentação, xii

Como aproveitar ao máximo este livro, xvi

capítulo um   Introdução ao campo de políticas públicas, 22

1.1   Conceitos estruturantes, 25

1.2   Tipologia de políticas públicas, 36

1.3   A autonomia relativa do Estado no cenário contemporâneo, 41

1.4   Rede de políticas públicas, 54

capítulo dois   Formulação e gestão de políticas públicas: o ciclo da política pública, 66

2.1   Formação da agenda pública, 71

2.2   Formulação de políticas públicas, 82

2.3   Implementação de políticas públicas, 92

2.4   Avaliação de políticas públicas, 97

capítulo três   Análise de políticas públicas, 108

    3.1   Modelo da lata de lixo, 114

    3.2   Modelo dos fluxos múltiplos, 117

    3.3   Modelo do equilíbrio pontuado, 123

    3.4   Modelo de coalizão de defesa, 128

capítulo quatro   Políticas públicas no Brasil: tópicos de reflexão, 144

    4.1   Políticas de desenvolvimento urbano no Brasil, 147

    4.2   Políticas de desenvolvimento rural no Brasil, 157

    4.3   Políticas de desenvolvimento social no Brasil, 164

Considerações finais, 176

Lista de siglas, 182

Referências, 184

Respostas, 198

Sobre o autor, 202

Dedicatória

À minha esposa e ao meu filho, expressões

do amor de Deus em minha vida.

Apresentação

Abordar o tema de políticas públicas é sempre desafiador. Entramos em um campo que reúne diferentes aportes teóricos, com uma diversidade de escolas e múltiplas formas de estudo e de reflexão. Além disso, trata-se de um campo que visa, em essência, analisar a formação de problemas públicos e a definição de meios de intervenção sobre eles, no qual se moldam os formatos de interação, cooperação e conflito entre atores e instituições. Avançando para além de uma perspectiva positivista e normativa de planejamento, pensar políticas públicas adquire, ainda, uma camada adicional de complexidade em razão do contexto atual, entremeado por indefinições que se capilarizam nas diferentes dimensões da vida social, econômica e política.

Desde o início, a construção deste livro busca aliar duas interfaces: a teoria e a prática, uma vez que o conhecimento é construído justamente nesse encontro, por vezes permeado de tensões entre as abstrações do mundo das ideias e as complexidades do mundo real. Ao percorrer os diferentes capítulos, você entrará em contato com conceitos, elementos e modelos vinculados à análise e à gestão de políticas públicas. Nesse contexto, esta obra não apresentará um compêndio histórico das transformações de concepções e abordagens ao longo do tempo, pois entendemos que essa lacuna do conhecimento é tratada de forma extensiva por uma série de outras publicações e, além do mais, escapa do escopo deste trabalho.

Assim, este livro é um convite para que você reflita a respeito de temas atuais no tocante às políticas públicas. Para tanto, resgatamos autores e concepções clássicos, mas trazendo-os para o cenário presente, a fim de ponderar sobre a aplicabilidade de tais conceitos diante das transformações substanciais que a sociedade contemporânea vivencia.

Sob essa perspectiva, no Capítulo 1, abordamos conceitos fundamentais para a compreensão do conteúdo debatido ao longo do livro, como o significado de política pública, sua origem histórica, suas tipologias, o que é um problema público e como ele é tratado por políticas de Estado e de governo. Desse modo, você passa a dispor dos conhecimentos necessários para avançar na discussão sobre as reformas do Estado, que, desde o movimento da Nova Gestão Pública, conformam um contexto de efervescência das redes de políticas públicas e da governança como categorias-chave para se pensar a autonomia relativa do Estado no cenário contemporâneo.

No Capítulo 2, enfatizamos as etapas vinculadas ao ciclo da política pública (*policy cycle*), que se inicia com a formação da agenda de políticas públicas, passa pela formulação e implementação de tais políticas e finda com os processos de avaliação, término ou revisão daquilo que foi implementado. Sem a pretensão de desconsiderar a complexidade da produção de políticas públicas, a adoção do modelo heurístico do *policy cycle* permite decompor as etapas, ainda que apenas analiticamente, a fim de aprofundar o debate acerca de cada um dos temas, de acordo com seus aportes teórico e analítico e utilizando elementos de reflexão frente a casos atuais.

Após a apresentação de cada uma dessas etapas, no Capítulo 3, propomos a compreensão desse processo por meio de leituras sistêmicas voltadas à análise de políticas públicas (*policy analysis*). Nesse momento, analisamos de forma mais intensiva os modelos teóricos de interpretação da realidade, fornecendo subsídios para aplicá-los, seja você analista, gestor público ou somente um estudioso do tema. Portanto, reunimos quatro modelos contemporâneos calcados na perspectiva pós-positivista: (1) Lata de Lixo; (2) Fluxos Múltiplos; (3) Equilíbrio Pontuado; e (4) Coalizão de Defesa. O objetivo é lançar luz sobre a importância das ideias e da interação entre atores e instituições na formação da agenda e da formulação da política pública. Dessa forma, você terá uma base sólida para iniciar algumas atividades preliminares de *policy analysis* e, até mesmo, propor novos modelos, decorrentes de demandas específicas que você possa enfrentar.

Por fim, no Capítulo 4, nossa atenção volta-se para o estudo das políticas brasileiras de desenvolvimento urbano e social, aprofundando o debate sobre seu universo de atuação, seu contexto de implementação e demais tópicos atuais.

De maneira geral, nossa proposta é que, ao terminar o livro e, posteriormente, revisitá-lo, você possa empreender um estudo articulado entre os três primeiros capítulos e o último, exercitando a aplicação de conceitos e bases teóricas frente aos casos descritos. Assim, desejamos a você uma excelente leitura e uma caminhada instigante pelas diferentes dimensões que abrangem o campo de políticas públicas.

Como aproveitar ao máximo este livro

Empregamos nesta obra recursos que visam enriquecer seu aprendizado, facilitar a compreensão dos conteúdos e tornar a leitura mais dinâmica. Conheça a seguir cada uma dessas ferramentas e saiba como elas estão distribuídas no decorrer deste livro para bem aproveitá-las.

Logo na abertura do capítulo, relacionamos os conteúdos que nele serão abordados.

Antes de iniciarmos nossa abordagem, listamos as habilidades trabalhadas no capítulo e os conhecimentos que você assimilará no decorrer do texto.

Conteúdos do capítulo:
- O contexto institucional de implementação de políticas públicas no Brasil.
- A gestão de políticas públicas no cenário nacional.
- Estudos de caso de políticas públicas setoriais.

Após o estudo deste capítulo, você será capaz de:
1. averiguar os principais elementos envolvidos no processo de formulação e gestão de políticas públicas no contexto brasileiro;
2. aprofundar seus conhecimentos sobre as políticas de desenvolvimento urbano;
3. analisar o desenvolvimento social e rural no panorama contemporâneo.

Síntese

Neste capítulo, abordamos uma série de elementos estruturantes do campo de políticas públicas, de forma a munir você, leitor, de conceitos básicos sobre os quais nos aprofundaremos nos capítulos seguintes. Para tanto, partimos do próprio conceito de políticas públicas, assumindo uma dimensão mais abstrata e definindo-o como um campo responsável por fundamentar a atuação pública bem como analisar seus resultados. Como vimos, nesse campo estão em evidência tanto a ação do Estado quanto os processos de decisão dos governos. Na sequência, apresentamos um ponto de vista mais instrumental, que entende a política pública como um conjunto de ações e decisões tomadas pelo governo nas diferentes instâncias, e que implica a participação direta ou indireta de entes públicos e privados, visando coordenar os recursos do Estado, da sociedade civil e da iniciativa privada para responder a problemas públicos, reconhecidos socialmente e definidos politicamente. Assim, a adoção de um conceito ou outro depende de cada profissional, de acordo com o ambiente e o escopo em que estiver inserido.

Além dessa conceituação inicial, também evidenciamos em que consistem as dimensões *policy*, *polity* e *politics* e as tipologias constitutivas, regulatórias, distributivas e redistributivas. Com base nessas ideias, diferenciamos Estado e governo e, por conseguinte, políticas de Estado e políticas de governo, elementos importantes não apenas para a compreensão, mas também para a organização conceitual que se faz neste trabalho. Na sequência, caracterizamos o problema público em contraposição a simples condições.

Por fim, contextualizamos o panorama da gestão pública recente desde o conjunto de reformas empreendido no movimento da Nova Gestão Pública (*New Public Management* – NPM) e seus reflexos sobre o cenário contemporâneo (pós-NPM). Após, discorremos a respeito das instituições, dos atores e de suas tipologias. Ao final do capítulo, chegamos à construção da ideia de autonomia relativa do Estado, abrangendo suas implicações para o campo de políticas públicas e sua relação com a emergência de diferentes formas de governança e arranjos de *policy networks*.

> *Ao final de cada capítulo, relacionamos as principais informações nele abordadas a fim de que você avalie as conclusões a que chegou, confirmando-as ou redefinindo-as.*

Consultando a legislação

- Constituição Federal de 1988, que visa instituir um Estado Democrático, destinado a assegurar o exercício dos direitos sociais e individuais, a liberdade, a segurança, o bem-estar, o desenvolvimento, a igualdade e a justiça como valores supremos de uma sociedade fraterna, pluralista e sem preconceitos, fundada na harmonia social e comprometida, na ordem interna e internacional, com a solução pacífica das controvérsias.
- Lei Complementar n. 59/1991, que dispõe sobre a repartição de 5% do ICMS aos municípios com mananciais de abastecimento e unidades de conservação ambiental.
- Lei n. 8.742/1993, denominada *Lei Orgânica de Assistência Social*, que dispõe sobre a organização da Assistência Social.
- Lei n. 9.394/1996, que estabelece as diretrizes e bases da educação nacional.
- Lei n. 9.503/1997, que instituí o Código de Trânsito Brasileiro.
- Lei n. 12.651/2012, que instituí o Código Florestal Brasileiro.
- Lei n. 12.711/2012, que dispõe sobre o ingresso nas universidades federais e nas instituições federais de ensino técnico de nível médio.
- Lei n. 13.487/2017, que instituí o Fundo Especial de Financiamento de Campanha (FEFC) e extingue a propaganda partidária no rádio e na televisão.
- Lei n. 13.874/2019, chamada de Lei da Liberdade Econômica, que altera uma série de dispositivos legais e, entre eles, cria a Análise de Impacto Regulatório.

> *Listamos e comentamos nesta seção os documentos legais que fundamentam a área de conhecimento, o campo profissional ou os temas tratados no capítulo para você consultar a legislação e se atualizar*

Ao redor do mundo, as reformas empreendidas na Administração Pública com base nos princípios da Nova Gestão Pública buscaram metas de diferentes naturezas e, por conseguinte, alcançaram resultados distintos. Segundo levantamento realizado por Cavalcante (2017), ainda que os resultados sejam diversos, as experiências empregadas em vários países revelam uma base comum de institucionalização de ideologias e soluções de mercado na Administração Pública, com descentralização das atividades estatais e agenciamento de organizações do setor público.

Para saber mais

Para ampliar os estudos sobre a Nova Gestão Pública, também chamada de *Administração Pública gerencial*, recomendamos a leitura do trabalho seminal de autoria de Christopher Pollitt e Geert Bouckaert. Esse livro, clássico da literatura no campo de políticas públicas, discute a adoção de reformas relacionadas ao NPM em diferentes países.

POLLITT, C.; BOUCKAERT, G. Public Management Reform: A Comparative Analysis – New Public Management, Governance, and the Neo-Weberian State. Oxford: Oxford University Press, 2011.

Nesse contexto, como pensar a produção de políticas públicas somente a partir das esferas do Estado e dos governos? Se essa já era uma atividade de difícil consecução em períodos anteriores, agora torna-se ainda mais complexa, pois o enfoque se desloca gradativamente para fora da dimensão estatal, com a incorporação de diferentes atores e ordenação de arranjos, formais e informais. Todas essas transformações ganharam um corpo ainda maior nas duas últimas décadas.

Posteriormente às reformas vivenciadas nos países centrais, entre as décadas de 1970 e 1980, e, nos países emergentes, entre as décadas de 1980 e 1990, observa-se o aparecimento de um período que, apesar de denominado *pós-NPM*, se aproxima de um movimento

Sugerimos a leitura de diferentes conteúdos digitais e impressos para que você aprofunde sua aprendizagem e siga buscando conhecimento.

---

adotamos, neste livro, o entendimento de Estado como o ente complexo formado por toda uma sociedade política, contemplando funções executivas, legislativas e judiciárias. O governo, formado pela direção política do Estado, insere-se nessa estrutura, particularmente dentro do Poder Executivo.

Há aqui mais um possível equívoco que deve ser evitado: o governo e o Poder Executivo também não se confundem. O Poder Executivo é composto por um conjunto técnico-burocrático da Administração Pública, formado por servidores públicos estáveis e por um aparato patrimonial, técnico e de poder; o governo, por sua vez, é constituído por um grupo político eleito, que tem poder decisório determinado, sendo responsável por gerir os diferentes interesses da sociedade e por estabelecer os níveis de intervenção sobre os problemas públicos, em correspondência à sua agenda de campanha e à sua orientação ideológica.

Preste atenção!

Você sabe o que significa *conjunto técnico-burocrático*?

Historicamente, há uma conotação negativa concedida ao termo *burocracia*, ao menos no senso comum. É provável que você já tenha ouvido algum comentário a respeito do quão burocrático são determinados setores do Poder Público. Contudo, o significado de *burocracia* aliada ao Estado é diametralmente oposto a essa acepção mais geral.

A *burocracia estatal* pode ser entendida como um conjunto de organizações complexas designadas para realizar tarefas específicas e, em última instância, implementar as políticas públicas. Conforme bem descrito por Rhodes, Binder e Rockman (2006), uma coisa é o governante tomar determinada decisão, outra é implementar essa decisão. No Capítulo 2, as trataremos do ciclo das políticas públicas, discutiremos a respeito da implementação de políticas públicas.

Apresentamos informações complementares a respeito do assunto que está sendo tratado.

Questões para revisão

1. (MP-AL – 2018 – FGV) Determinado município decidiu mudar radicalmente sua política de IPTU. Por essa nova política, a partir do ano de 2019, todos os imóveis avaliados em até 200 mil reais terão isenção de IPTU, e aqueles com valores superiores a 1 milhão de reais serão tributados em dobro, garantindo a manutenção do valor arrecadado e o financiamento das políticas urbanas. O caso apresentado, segundo a tipologia de políticas públicas de Theodore Lowi, é um exemplo de política:
   a. constitutiva.
   b. regulatória.
   c. redistributiva.
   d. distributiva.
   e. intervencionista.

2. (CFP – 2012 – Quadrix) Os novos arranjos das políticas públicas preveem uma nova relação entre Estado e sociedade. A descentralização do processo decisório e a capacidade de implementação e acompanhamento das políticas públicas por parte da sociedade recebe o conceito de "governança democrática". Pode ser considerada, como exemplo, instituição de gestão participativa e governança democrática no Brasil:
   a. Ministério do Desenvolvimento Social.
   b. Conselho de Desenvolvimento Econômico e Social.
   c. Organização para a Cooperação e Desenvolvimento Econômico (OCDE).
   d. Organização das Nações Unidas para a Educação, a Ciência e a Cultura.
   e. Banco Nacional de Desenvolvimento Econômico e Social.

> Ao realizar estas atividades, você poderá rever os principais conceitos analisados. Ao final do livro, disponibilizamos as respostas às questões para a verificação de sua aprendizagem.

Questão para reflexão

1. Considerando as oportunidades e os desafios dos mecanismos de gestão de redes de políticas públicas (*network management*), discorra sobre sua pertinência e efetividade a partir de um caso real que você observe em seu contexto local. Articule a resposta com o contexto maior das governanças e da sociedade em rede. Em síntese, responda: A coordenação de atividades em configurações supostamente não coordenadas (redes) exerce impacto positivo?

> Ao propor estas questões, pretendemos estimular sua reflexão crítica sobre temas que ampliam a discussão dos conteúdos tratados no capítulo, contemplando ideias e experiências que podem ser compartilhadas com seus pares.

capítulo um

Introdução ao campo de políticas públicas

Conteúdos do capítulo:

- Conceitos estruturantes do campo de políticas públicas.
- Políticas de Estado e de governo.
- Capacidades estatais e autonomia relativa do Estado.
- Governança e redes de políticas públicas.

Após o estudo deste capítulo, você será capaz de:

1. conceituar política pública;
2. identificar os atores centrais de formação do campo de políticas públicas;
3. reconhecer os temas que se inserem no panorama contemporâneo da gestão pública.

Discutir a gestão de políticas públicas exige, inicialmente, uma definição para o termo *política pública*. Trata-se de um conceito amplo e potente que, por um lado, centra-se no conhecimento do processo da política pública e, por outro, objetiva analisá-la e subsidiar a tomada de decisões. Essa ambivalência de possibilidades – entre os caminhos do estudo (*policy studies*), da análise (*policy analysis*) e da ação (*policy-making*) – não gera alternativas excludentes entre si, mas sim complementares. Ao longo deste capítulo, você entrará em contato com os conceitos e as categorias analíticas essenciais que estruturam esse campo do conhecimento.

Originado nos Estados Unidos na primeira metade do século XX, o campo de políticas públicas se forma dentro da ciência política, mas logo transborda seus limites e passa a ser objeto de atenção multidisciplinar. Atualmente, podemos estudar políticas públicas por meio de múltiplas perspectivas – administração pública, sociologia, economia, gestão urbana, geografia, ciência política, entre outras –, as quais partilham um interesse comum pelo tema. Isso nos leva naturalmente à uma polissemia, ou seja, a um caleidoscópio de definições para o que seja *política pública*, em tal proporção que alguns autores, como Souza (2006) e Smith e Larimer (2018), são enfáticos ao afirmar que não se pode falar em um conceito claro e definitivo.

Apesar de não haver um único conceito hegemônico, você já deve ter pensado sobre o tema, e mais que isso, percebido os efeitos de políticas públicas das mais diversas naturezas em sua vida. De fato, ao tratar de políticas públicas entramos em um campo que nos impacta diretamente em termos sociais, econômicos e espaciais.

Ao vivenciar esses impactos no cotidiano, é possível perceber em que medida as ações públicas, realizadas pelo Estado ou por ele induzidas, condicionam certos comportamentos e geram determinados resultados. Assim, de forma intuitiva, você já pode construir um significado para o campo de políticas públicas, mesmo sem conceituá-lo formalmente. Vejamos, na sequência, algumas acepções e sua importância para a gestão de políticas públicas.

1.1 Conceitos estruturantes

Antes de delimitarmos um conceito específico e concreto, necessário para substanciar a prática na gestão pública, é importante compreendermos *política pública* como um campo do conhecimento. De início, essa abordagem conduz a um conceito mais amplo, mas indispensável para, posteriormente, tratar de um segundo conceito, plasmado na *práxis*. Para tanto, aqui nos fundamentamos em três definições clássicas, formuladas por autores importantes, as quais, correlacionadas, fornecem um caminho singular de compreensão.

A primeira definição é de Harold Lasswell (1936), cientista político estadunidense considerado um dos precursores do campo. Na década de 1930, ele introduz a ideia de análise de política pública (*policy analysis*), aumentando a proximidade entre a atuação do governo e aqueles que desenvolviam pesquisas sobre o tema. Para Lasswell (1936), o campo de políticas públicas trata de *quem ganha o quê, quando e como*. Esse conceito lança luz sobre os processos políticos e a articulação de atores e interesses.

Na década de 1980, em um momento em que o campo de políticas públicas já apresentava um corpo estruturado de pensadores e aportes teóricos, emergem outros dois conceitos centrais, em destaque até os dias de hoje. O primeiro foi formulado por dois cientistas políticos franceses, Pierre Muller e Bruno Jobert (1987), e figura como o título de seu livro de maior destaque. Para os autores, debruçar-se sobre o tema de políticas públicas é, essencialmente, tratar do *Estado em ação* (*L'État en action*), sendo este um conceito amplo, mas poderoso para se pensar políticas públicas, pois expande o escopo para além dos resultados de políticas específicas, englobando toda a atuação do Estado.

Ainda em 1980, Thomas Dye (1984), cientista político estadunidense, ao se ocupar da análise de políticas públicas, define-a como **o que governo escolhe fazer ou não fazer**. Esse é um conceito desafiador, pois, ao refletir sobre as políticas públicas, coloca em questão não apenas suas propostas e resultados, mas também o polo negativo das ações e decisões tomadas. Assim, elementos que deixaram de entrar na agenda pública também se tornam tema de debate.

Ao articularmos as concepções desses autores – Lasswell (1936), Muller e Jobert (1987) e Dye (1984) –, a política pública corresponde a uma grande área do conhecimento que se apresenta como o campo responsável por, simultaneamente, fundamentar a atuação pública e analisar seus resultados, tendo como lócus central a resultante das interações de agendas e interesses de um processo político, no qual estão em evidência o agir do Estado e os processos de decisão nos governos.

Neste ponto, uma questão merece especial destaque: a diferença entre *Estado* e *governo*. Essas duas palavras são abordadas de forma distintas na definição apresentada. Mas, afinal, o que distingue Estado e governo?

Embora ainda não tenhamos tratado sobre o significado de cada um desses elementos, se atentarmos isoladamente para os conceitos de Dye (1984) e Muller e Jobert (1987), é possível perceber que, distante da aparente semelhança que uma primeira leitura pudesse suscitar, há uma diferença importante entre suas concepções: para Dye, a política pública corresponde ao que **governo** decide fazer; Muller e Jobert, por outro lado, apontam para o protagonismo do **Estado** em ação. Estado e governo não se confundem, portanto.

Sem a pretensão de adentrar nas diversas correntes de pensamento sobre o Estado (Robinson, 2013; Jessop, 2011),

♦ A política pública corresponde a uma grande área do conhecimento que se apresenta como o campo responsável por, simultaneamente, fundamentar a atuação pública e analisar seus resultados, tendo como lócus central a resultante das interações de agendas e interesses de um processo político, no qual estão em evidência o agir do Estado e os processos de decisão nos governos. ♦

adotamos, neste livro, o entendimento de Estado como o ente complexo formado por toda uma sociedade política, contemplando funções executivas, legislativas e judiciárias. O governo, formado pela direção política do Estado, insere-se nessa estrutura, particularmente dentro do Poder Executivo.

Há aqui mais um possível equívoco que deve ser evitado: o governo e o Poder Executivo também não se confundem. O Poder Executivo é composto por um conjunto técnico-burocrático da Administração Pública, formado por servidores públicos estáveis e por um aparato patrimonial, técnico e de poder; o governo, por sua vez, é constituído por um grupo político eleito, que tem poder decisório determinado, sendo responsável por gerir os diferentes interesses da sociedade e por estabelecer os níveis de intervenção sobre os problemas públicos, em correspondência à sua agenda de campanha e à sua orientação ideológica.

Preste atenção!

Você sabe o que significa *conjunto técnico-burocrático*?

Historicamente, há uma conotação negativa concedida ao termo *burocracia*, ao menos no senso comum. É provável que você já tenha ouvido algum comentário a respeito do quão burocrático são determinados setores do Poder Público. Contudo, o significado de *burocracia* aliada ao Estado é diametralmente oposto a essa acepção mais geral.

A *burocracia estatal* pode ser entendida como um conjunto de organizações complexas designadas para realizar tarefas específicas e, em última instância, implementar as políticas públicas. Conforme bem descrito por Rhodes, Binder e Rockman (2008), uma coisa é o governante tomar determinada decisão, outra é implementar essa decisão. No Capítulo 2, ao tratarmos do ciclo das políticas públicas, discutiremos a respeito da implementação de políticas públicas.

Nos países em que há a constituição de um Estado democrático de direito, como o Brasil, a arquitetura institucional conforma um sistema no qual a discricionariedade dos governos, ou seja, sua liberdade de tomada de decisão, é restrita. Há funções que são do Estado e por ele executadas independentemente da alternância de governo. Essas funções se originam nos princípios estabelecidos na Constituição e conformam a vontade própria do Estado, que se materializa por meio de seus diferentes órgãos.

Dessa estrutura conceitual deriva a compreensão da dualidade entre políticas de Estado e políticas de governo. Ambas são políticas públicas, mas guardam distinções entre si. Uma política amparada pela Constituição e que independe do governante para que seja implementada, corresponde a uma **política de Estado**, a qual, via de regra, (1) envolve mais de um setor do arranjo do Estado, (2) consubstancia-se a partir de leis resultantes de um processo dialógico em diversas instâncias de discussão e aprovação, (3) é dotada de um processo prévio de análise técnica robusta e (4) incide de forma mais ampla na sociedade. Já uma **política de governo** se define por um processo menos complexo de formulação e implementação de programas e ações específicos, relacionados à agenda política interna. Isso não significa que as decisões a serem tomadas têm caráter simples ou são menos complexas, mas que carregam um grau menor de heterogeneidade quando comparadas às políticas de Estado.

Conceitualmente, a divisão dessas políticas é clara, mas, observando situações concretas, você conseguiria distingui-las? De fato, pode haver dificuldade na caracterização de política de Estado ou política de governo, visto que não há uma classificação uníssona. Todavia, a discussão de casos de referência pode auxiliar nessa compreensão.

Ponderar sobre temas como educação, seguridade social e saúde demanda que se adentre ao campo das políticas de Estado. No que se refere à saúde, por exemplo, a Constituição Federal de 1988 (Brasil, 1988) estabelece, nos arts. 196 ao 200, o Sistema Único de Saúde (SUS) a partir de uma rede regionalizada e hierarquizada, definindo as competências, a origem e o volume mínimo de recursos em cada nível federativo. Em outras palavras, independentemente da alternância de governos, o SUS permanece em operação e tem de ofertar atendimento integral e descentralizado, bem como deve ser respeitada a reserva de, no mínimo, 15% do orçamento da União para o setor.

Por outro lado, o Programa Minha Casa Minha Vida (PMCMV) pertence ao campo das políticas de governo. O direito à moradia, na condição de direito social fundamental, está estabelecido no art. 6º da Constituição Federal (Brasil, 1988) e dele derivam uma série de instrumentos, como a Política Nacional de Habitação e o Sistema Nacional de Habitação de Interesse Social*. Contudo, a forma de efetivação da provisão de unidades habitacionais, ou seja, da construção de moradias, é uma escolha de governo. A mudança do grupo político dirigente do Estado não implica a obrigatoriedade de continuidade do programa, sendo esta uma escolha do novo governante.

> *Para saber mais*
>
> Caso deseje aprofundar seus estudos sobre as políticas públicas de saúde e habitação no Brasil, recomendamos a leitura dos livros *Políticas e sistema de saúde no Brasil* (2013), que analisa de forma ampla e profunda o SUS, e *22 anos de política habitacional no Brasil: da euforia à crise*, que discute a temática da política habitacional em nosso país nas duas últimas décadas.
>
> GIOVANELLA, L. et al. (Org.). **Políticas e sistema de saúde no Brasil.** 2. ed. Rio de Janeiro: Fiocruz; 2013.
>
> CARDOSO, A. L.; ARAGÃO, T. A.; JAENISCH, S. T. (Org.). **22 anos de política habitacional no Brasil:** da euforia à crise. Rio de Janeiro: Letra Capital; Observatório das metrópoles, 2017.

✦ ✦ ✦

---

* A análise desse tema será aprofundada no Capítulo 4 deste livro, que se dedica à política urbana no Brasil.

Há, ainda, casos de políticas de governo que podem consolidar-se como políticas de Estado. Um exemplo claro dessa situação é o Programa Bolsa Família, criado em 2003, mas que permanece vigente até os dias de hoje. A despeito das complementações e alterações pontuais ocorridas ao longo de diferentes gestões, não houve intenção de descontinuá-lo, caracterizando um processo de consolidação em direção à uma política de Estado, sendo expresso, inclusive, na Lei n. 8.742, de 7 de dezembro de 1993, conhecida como *Lei Orgânica da Assistência Social* (Brasil, 1993).

Diante dos conceitos discutidos, podemos agora construir outra definição de política pública que, ao mesmo tempo que reduz sua amplitude em relação ao conceito previamente apresentado, permite plasmá-la na concretude da gestão de políticas públicas, movimento necessário para se pensar a *práxis*.

Assim, as políticas públicas podem ser definidas como o conjunto de ações e decisões tomadas pelo governo, nas diferentes instâncias, com a participação direta ou indireta de entes públicos e privados, visando coordenar os recursos do Estado, da sociedade civil e da iniciativa privada para responder a problemas públicos, reconhecidos socialmente e definidos politicamente.

Essa definição está permeada de conceitos estruturantes sem os quais não se consegue entendê-la integralmente. Dois deles já foram abordados (Estado e governo), mas outros dois ainda demandam nossa atenção. O primeiro se refere ao **conjunto de ações e decisões tomadas pelo governo** e implica responder à seguinte pergunta: Para além das definições conceituais, como as políticas públicas se materializam na realidade?

Considerando-se as políticas públicas como um conjunto de ações e decisões tomadas pelo governo, é natural que a primeira ideia que venha à mente seja a produção legislativa. Em outras palavras, pensa-se a política pública pela ótica da elaboração de leis, que estabelecem diretrizes, definem competências e responsabilidades, preveem fontes de recursos, incentivos e penalidades sobre determinado tema.

Assim, tomemos os seguintes exemplos: em âmbito federal, a Política Nacional de Meio Ambiente, Lei n. 12.651, de 25 de maio de 2012 (Brasil, 2012a), e a Lei de Diretrizes e Bases da Educação Nacional, Lei n. 9.394, de 20 de dezembro de 1996 (Brasil, 1996), correspondem a políticas públicas. Em âmbito estadual, no caso do Paraná, por exemplo, a Lei Complementar n. 59, de 1º de outubro de 1991 (Paraná, 1991), que estabeleceu a destinação de 5% do percentual arrecado com ICMS para municípios que têm mananciais de abastecimento de água e unidades de conservação, criando o chamado *ICMS Ecológico*, também configura-se como uma política pública. Em escala municipal, uma lei que trata, por exemplo, do regramento do uso e da ocupação do solo urbano de uma cidade constitui-se igualmente como política pública.

Entretanto, ao restringir o entendimento das políticas públicas apenas às leis aprovadas, reduz-se um quadro amplo e multidimensional a uma leitura simplista e limitada. Provavelmente você já deve ter ouvido falar sobre "leis que não pegaram", não é mesmo? Ainda que aparentemente simples, essa assunção revela as múltiplas formas ou os diversos instrumentos segundo os quais as políticas públicas se efetivam.

♦ As políticas públicas podem ser definidas como o conjunto de ações e decisões tomadas pelo governo, nas diferentes instâncias, com a participação direta ou indireta de entes públicos e privados, visando coordenar os recursos do Estado, da sociedade civil e da iniciativa privada para responder a problemas públicos, reconhecidos socialmente e definidos politicamente. ♦

Por isso, adquirem relevância outros meios de materialização da política pública, que, por óbvio, aderem à legislação vigente*, embora não se limitem apenas ao que está previsto. Assim, um programa de obras de melhoria do sistema de esgoto realizado pela prefeitura de seu bairro está no campo das políticas públicas. Em âmbito federal, o Programa de Aceleração do Crescimento (PAC), que adquiriu grande destaque no país na última década, também é considerado política pública.

As políticas públicas materializam-se igualmente por meio de campanhas e premiações. A Campanha Nacional de Vacinação contra o Sarampo e a Campanha do Agasalho, temas recentes da pauta governamental, fazem parte do *corpus* da política pública. Ainda, ao premiar determinados comportamentos e ações, o Estado também está desempenhando a política pública. Um exemplo que se disseminou pelo país é o programa de incentivo ao Cadastro de Pessoa Física (CPF) na nota fiscal do consumidor final, programa esse que recebe diferentes nomes ao redor do país: *Boa Nota, Nota Fiscal Paulista, Nota Curitibana* etc. Tanto em âmbito estadual quanto municipal, diversos governos estabeleceram formas de estímulo a esse comportamento individual do consumidor, que, ao concorrer a prêmios, também contribui para evitar a sonegação fiscal das empresas. Outro caso, também amplamente presente em diversos locais do país, é a criação de prêmios de boas práticas, aplicados a diferentes contextos, como em práticas inovadoras na gestão pública municipal. Esses prêmios estimulam condutas e comportamentos, constituindo-se como políticas públicas.

Destarte, é importante tomar cuidado para não se conceber políticas públicas apenas como o resultado do processo de produção

✦ ✦ ✦

* Vale ressaltar que o Brasil vive em um Estado democrático de direito, em que um dos princípios basilares é o da legalidade, segundo o qual todos os poderes (Executivo, Legislativo e Judiciário) devem agir em restrita observância às leis, dentro do âmbito por elas delimitado e segundo os procedimentos nelas definidos.

legislativa de grandes diretrizes. Integrando-se as políticas públicas a um espectro maior de formas de materialização, também somos convidados a refletir sobre como nós, atuando junto ao Poder Público, independentemente do nível hierárquico, estamos contribuindo com a produção de determinada política pública.

> *Para saber mais*
>
> Para aprofundar os estudos sobre a importância do aparato técnico-burocrático como elemento fundamental na implementação de políticas públicas, sobretudo nos cargos de atendimento direto à população, recomendamos a leitura deste livro:
>
> LIPSKY, M. **Burocracia de nível de rua**: dilemas do indivíduo nos serviços públicos. Brasília: Enap, 2019.

O segundo elemento presente no conceito de políticas públicas que precisamos elucidar relaciona-se aos **problemas públicos**. Afinal, ao tratarmos de problemas públicos, sobre o que estamos falando? O que os define como tal? Para responder a essa questão, é preciso diferenciar *condição* de *problema público* (Kingdon, 1995)*.

No dia a dia, como cidadãos, deparamo-nos com uma miríade de condições, isto é, tópicos que julgamos, individualmente, em nosso núcleo familiar ou entre amigos, tratar-se de um problema que demanda alguma resposta. Mas, apenas quando essa condição se transforma em um **problema socialmente relevante** para a sociedade de forma geral ou para algum grupo social específico, passando a ser coletivamente interpretado como algo que merece atenção e atuação dos governos, temos a formação de um **problema público**.

Essa explicação é importante pois nos auxilia a entender por que certos temas são inseridos ou retirados da agenda pública e por

✦ ✦ ✦

* Ainda que esse tópico seja objeto de atenção do Capítulo 2, uma compreensão inicial de seus significados é importante como ponto de partida.

que alguns emergem antes de outros problemas históricos, que, por vezes, podem receber menor atenção na produção de políticas públicas. Assim, por exemplo, desafios históricos e ao mesmo tempo contemporâneos, como o enfrentamento da pobreza e a promoção de condições para o desenvolvimento sustentável, são lidos em diferentes níveis de importância pelos governos ao longo do tempo.

Fuks (2000, p. 80) esclarece que "a emergência de questões na agenda pública explica-se mais em termos da dinâmica social e política do que dos atributos intrínsecos dos assuntos em disputa", ou seja, não podemos confundir os temas que compõem a agenda das políticas públicas e o universo de demandas da sociedade. A princípio, tenhamos em mente essa distinção primeira entre condição e problema público, que é estruturante para pensarmos a gestão de políticas públicas.

Abre-se, assim, um cenário muito mais rico de variáveis e elementos que ultrapassam as perspectivas construídas no senso comum sobre como se formam as políticas públicas, como são implementadas, por que se conformam de determinada maneira e por que algumas têm maior ou menor tempo e espectro de abrangência.

De forma sintética, ainda podemos enxergar as políticas públicas a partir de três dimensões interrelacionadas (Vowe, 2008; Frey, 2000). Em língua portuguesa, a diferenciação do termo *política* impõe obstáculos linguísticos, pois, como veremos, pode ser atribuído mais de um significado para a mesma palavra. Por isso, optamos, neste livro, por utilizar as locuções substantivas, relacionando-as aos seus correspondentes na língua inglesa, na qual a diferenciação de palavras ocorre de forma mais clara.

Nesse sentido, ainda que sem a nitidez conceitual das três dimensões, podemos explicitá-las por meio da observação de situações cotidianas, muitas das quais você já deve ter experimentado. Vejamos o exemplo a seguir que, apesar de hipotético, corresponde a um acontecimento comum em nossas rotinas diárias.

> A caminho do trabalho, Luiz, um servidor público municipal, leu uma matéria no jornal local sobre a nova política de saneamento básico [1], que tratava dos papéis dos governos locais quanto ao tema, bem como das diretrizes que devem ser seguidas. Na prefeitura, durante seu expediente, ele acompanhou um debate envolvendo a regulamentação do compartilhamento do novo aterro sanitário com o município vizinho [2]. Por fim, ao retornar para casa, Luiz assistiu a uma reportagem na televisão sobre o impacto da política nas decisões de investimento em serviços de saneamento [3].

Os três temas descritos no exemplo guardam diferenças conceituais, certo? Vamos então compreender cada uma dessas dimensões pela ordem em que aparecem no texto.

A primeira refere-se ao conteúdo material da política pública, ou seja, ao conteúdo concreto de decisões políticas e à configuração de programas políticos, para a qual utilizamos a dimensão *policy* (ou *public policy*). Em português, adotaremos o termo **política pública**.

Na sequência, o segundo exemplo evidencia a importância do que chamaremos aqui de *regras do jogo*, ou seja, as regras formais e informais do sistema político–administrativo que condicionam a atuação do governo e da burocracia do Estado. Na língua inglesa, essa dimensão é denominada *polity*. Em português, adotaremos o termo **instituições políticas**.

O terceiro exemplo explicita a dimensão processual do jogo político, caracterizado, geralmente, pelo conflito de interesses relacionados à construção da agenda pública, à implementação de políticas públicas e à distribuição de recursos. Em inglês, essa dimensão é denominada de *politics*. Em português, adotaremos o termo **dinâmica política**.

Portanto, a distinção dessas três dimensões – política pública, instituições políticas e dinâmica política – contribui para a compreensão e a análise do campo de políticas públicas, mas deve ser adotada com cautela pois, na realidade, elas se apresentam de forma interconectada, com múltiplos graus de influência. A depender do posicionamento teórico adotado, pode evidenciar-se uma ou outra dimensão, uma análise conjunta das dimensões ou, ainda, as interrelações existentes entre elas.

Tendo como base essa compilação dos conceitos estruturantes, podemos avançar para um segundo nível de complexidade, no qual exploraremos as diferentes tipologias e a articulação entre atores e instituições na produção de políticas públicas.

1.2 Tipologia de políticas públicas

Na literatura, encontramos diversos esforços de tipificação das políticas públicas. Em essência, todos partem de determinadas variáveis e buscam organizá-las de forma a criar ordenamentos e combinações que contribuam com o exame das políticas públicas. Uma dessas categorizações, clássica nesse campo do conhecimento, foi formulada pelo cientista político estadunidense Theodore Lowi (1964; 1972), entre as décadas de 1960 e 1970.

O autor defende que as políticas públicas determinam a **dinâmica política**. Assim, cada tipo de política pública gera resultados específicos (ou expectativas de resultados) que conformam o debate político que o envolve, tanto no estágio de tomada de decisão quanto durante sua implementação. Como consequência, formam-se arenas específicas (*policy arenas*), reunindo grupos de interesse sobre determinada temática, gerando processos específicos de conflito e construção de consensos (Lowi, 1964; 1972).

Considerando-se as diferentes características desses conflitos e, por conseguinte, da formação de diversas arenas, Lowi (1972) propõe quatro tipologias de políticas públicas – constitutivas, regulatórias, distributivas e redistributivas –, as quais se distinguem pelo conteúdo e efeitos das políticas públicas, que, em última instância, também resultam em diferentes formas de resolução de conflitos na esfera da dinâmica política. Nos Quadros 1.1 e 1.2, a seguir, descrevemos esses quatro tipos básicos, com uma leitura aplicada ao panorama brasileiro recente, de forma a facilitar a compreensão.

Quadro 1.1 – Tipologia de políticas públicas segundo Theodore Lowi (parte 1)

Tipo	Políticas constitutivas	Políticas regulatórias
Descrição	Tratam das regras do jogo, modelam as instituições e definem as condições gerais sob as quais os demais tipos de políticas públicas serão negociados e produzidos. Refere-se, assim, à dimensão das instituições (*polity*), abarcando, por exemplo as regras eleitorais, a distribuição dos poderes e das competências, a forma de participação da sociedade civil etc	Normas legais que estabelecem condições e obrigatoriedades, pautando comportamentos e ações de atores públicos e privados, disciplinando aspectos da atividade social.
Principal arena de conflito	Os conflitos tendem a ocorrer entre atores e entes diretamente relacionados com o tema, como partidos políticos e o governo (em seus três níveis), pois alterações nesse tipo de política influenciam a distribuição de poderes existentes. Geralmente, a sociedade não está atenta a esse tipo de modificação, pois, para ela, os conteúdos da política (*policy*) chamam consideravelmente mais atenção do que os aspectos processuais e estruturais.	A distribuição de custos e benefícios decorrentes das regulamentações implica diferentes coalizões, de acordo com a especificidade de cada tema. Assim, as arenas de conflito e o processo de produção de consensos tende a se alterar conforme a configuração de cada política pública específica.

(continua)

(Quadro 1.1 – conclusão)

Tipo	Políticas constitutivas	Políticas regulatórias
Exemplos recentes para o caso brasileiro	A Constituição Federal brasileira, ao estabelecer as competências de cada ente federativo (União, estados e municípios), delimita abrangências e possibilidade de ação pública em cada instância. Um exemplo mais recente é a Lei n. 13.487, de 6 de outubro de 2017, que criou o Fundo Especial de Financiamento de Campanha (FEFC), composto por recursos públicos, e alterou a dinâmica de financiamento das campanhas eleitorais (Brasil, 2017b).	A Lei n. 13.874, de 20 de setembro de 2019, chamada de *Lei da Liberdade Econômica*, altera uma série de dispositivos legais e, entre eles, cria a Análise de Impacto Regulatório, obrigando os órgãos da Administração Pública federal a desenvolver análises sobre a razoabilidade dos impactos econômicos gerados, antes de editar novos atos normativos (Brasil, 2019c). Outro exemplo, menos recente em termos de aprovação legal, mas presente no cotidiano brasileiro, é a Lei n. 9.503, de 23 de setembro de 1997, que institui o Código de Trânsito Brasileiro (Brasil, 1997).

Fonte: Elaborado com base em Lowi, 1972.

Quadro 1.2 – Tipologia de políticas públicas segundo Theodore Lowi (parte 2)

Tipo	Políticas distributivas	Políticas redistributivas
Descrição	Caracterizam-se pela alocação de recursos de forma concentrada (grupos específicos), com custos absorvidos por toda a coletividade. Nesse tipo de política pública, a barganha política tem proeminência, envolvendo tanto o apoio no processo político quanto a definição dos beneficiários.	Há o direcionamento consciente de recursos de um grupo ou camada social a outro, ou seja, existem benefícios concentrados, mas também custos concentrados.

(continua)

(Quadro 1.2 – conclusão)

Tipo	Políticas distributivas	Políticas redistributivas
Principal arena de conflito	Não são identificados graus elevados de conflitos nos processos políticos, pois não há um grupo específico sendo prejudicado.	Há conflitos entre os grupos sobre os quais se concentram os benefícios e aqueles sobre os quais se concentram os custos, com atuação polarizada entre os atores.
Exemplos recentes para o caso brasileiro	As reduções do Imposto sobre Produtos Industrializados (IPI) para as montadoras de veículos, vigentes entre 2008 e 2013, constituem um exemplo claro de política distributiva. Outro exemplo, muito comum em diversos municípios, é a gratuidade concedida aos estudantes para o uso do transporte coletivo.	Um exemplo da história recente brasileira se refere às políticas de cotas raciais em universidades públicas, estabelecida pela Lei n. 12.711, de 29 de agosto de 2012 (Brasil, 2012b). Um segundo exemplo é a política de reforma agrária, que visa uma distribuição mais equitativa da terra tendo por base o princípio da função social da propriedade.

Fonte: Elaborado com base em Lowi, 1972.

Ao empreender a análise de uma política pública específica ou de um conjunto de políticas públicas de determinada temática, você pode sentir dificuldade em enquadrá-la em uma única tipologia. Isso ocorre com considerável frequência, pois, ao sintetizar a complexidade desse campo em apenas quatro tipos, reduz-se o nível de especificidade e, por vezes, de aderência direta aos casos concretos.

Essa é uma característica intrínseca às abstrações teóricas, nas quais, em maior ou menor nível, é necessário se afastar do plano material de determinadas políticas a fim de captar seus elementos essenciais. Percebemos, por exemplo, ao olhar para as transformações recentes ocorridas na legislação trabalhista brasileira, que elas transitam entre políticas regulatórias e redistributivas e são dotadas de elementos de referência para ambos os tipos. Mas, então, como orientar a leitura das arenas de conflito e a construção de consensos para esses casos?

A resposta deve emergir do contexto em análise, mas passa, inevitavelmente, pelo reconhecimento da complexidade do campo de políticas públicas, no qual múltiplos atores e coalizões se conformam para defender seus interesses. Nesse panorama, a literatura apresenta uma série de modelos analíticos*, construídos segundo determinados pressupostos e que, de forma complementar às tipologias, auxiliam a leitura de casos reais.

Ademais, é importante ter em mente que a tipologia apresentada não é única, nem precisa ser adotada *a priori* de uma análise específica. A depender do escopo e do interesse, diferentes formas de classificação tipológica podem ser propostas. Contudo, como elemento fundamental, permanece a busca pela extração da essência dos casos estudados a fim de garantir uma síntese analítica consistente.

A despeito da discussão realizada até aqui, cabe ressaltar, ainda, que é amplamente reconhecida pela literatura especializada a relevância da tipologia de Lowi (1972), visto que auxilia no entendimento do processo de formação de grupos de apoio ou resistência a diferentes políticas públicas. Embora seu alcance não seja consensual**, essas tipologias ajudam a entender por que, no Brasil, identificamos uma facilidade muito maior de implementação de políticas regulatórias do que redistributivas (Souza, 2006), explicitando a interrelação entre a percepção de benefícios e custos de determinada política e a conformação de uma arena política ao redor dela (Frey, 2000).

✦ ✦ ✦

* Tais modelos serão discutidos em profundidade no Capítulo 3, no qual você será capaz de compreender suas principais características e, com base nelas, optar por diferentes alinhamentos analíticos em sua atuação como gestor público, analista de políticas públicas ou pesquisador.

** Para mais informações a respeito desse debate, ver Heinelt (2007).

1.3 A autonomia relativa do Estado no cenário contemporâneo

Os tópicos tratados até este ponto colocam em evidência as interações entre diferentes instituições e atores no campo de políticas públicas. Mesmo que ainda não tenhamos abordado a discussão sobre a autonomia relativa do Estado, você já deve ter percebido a influência que atores externos ao Estado e aos governos exercem sobre a produção de políticas públicas. Entretanto, em qual contexto essas dinâmicas se inserem? Quais são os aportes teóricos que auxiliam sua compreensão?

Com vistas a encontrar um caminho para possíveis respostas, partiremos de uma breve retrospectiva histórica recente, que pauta a prática da gestão pública nos últimos cinquenta anos. Alocados nesse período, trataremos das capacidades estatais, de gestão pública e de governança, buscando, dessa forma, evidenciar a ideia de autonomia relativa do Estado.

É importante destacar que não pretendemos promover uma extensa e detalhada reconstrução histórica do campo da gestão pública. Por isso definimos um ponto de partida e um recorte muito claros: a chamada *"crise do Estado"* ocorrida nas décadas de 1970 e 1980, vinculada a uma visão de ineficiência do modelo então vigente da Administração Pública tradicional, calcado nos critérios de funcionamento burocrático weberianos, com exclusividade na prestação dos serviços públicos, no mínimo espaço discricionário, na centralidade das regras formais e no controle procedimental, circunstâncias em que as grandes dimensões assumidas pelo Estado passam a ser questionadas.

Como resposta a esse cenário, observamos um intenso movimento de reforma do Estado nos anos de 1970 e 1980 nos países desenvolvidos, mas que também ocorre nos países emergentes (com certo retraso, avançando sobre a década de 1990). Essa reforma não acontece apenas em razão da crise fiscal do Estado, mas também em virtude da necessidade de adotar novas estratégias diante da crescente competição por investimentos privados e por captação de mão de obra qualificada (Lynn Jr., 2007; Secchi, 2009).

Esse conjunto de reformas do Estado, inspirado na doutrina neoliberal e amplamente apoiado por organismos multilaterais como o Fundo Monetário Internacional (FMI) e Banco Mundial, foi reunido em torno de um movimento denominado *Nova Gestão Pública* (*New Public Management* – NPM, no termo original), um modelo pós-burocrático no qual se buscou transformar as estruturas e os processos nas organizações públicas com o objetivo de alcançar melhores desempenhos*.

De maneira geral, podemos descrever a Nova Gestão Pública a partir da transformação de um modelo centrado em processos para um modelo centrado em **resultados**, com a adoção do princípio da responsividade e de práticas de mercado, como a remuneração por desempenho, a ampliação da concorrência e a conversão dos usuários de serviços públicos em clientes. Os serviços públicos passam a ser descentralizados, seja dentro do Estado (para os governos subnacionais), seja para fora dele (notadamente a partir de terceirizações, concessões e parcerias público-privadas), com consequente redução do Estado.

No Brasil, esses princípios concretizaram-se em 1995 com o Plano Diretor da Reforma do Aparelho do Estado (PDRAE), coordenado pelo então ministro da Administração Federal e Reforma do Estado, Luiz Carlos Bresser-Pereira. Conforme análise posteriormente realizada pelo próprio Bresser-Pereira (1998), o PDRAE

✦ ✦ ✦

* O movimento da nova gestão pública divide-se em duas gerações, relacionadas a diferentes momentos de transformação, com consequentes naturezas e espectros de mudança. Não iremos abordá-las neste livro, pois ultrapassaria o interesse específico deste estudo. Contudo, recomendamos a você, leitor, que consulte a referência bibliográfica indicada no box "Para saber mais", na qual poderá aprofundar os conhecimentos sobre o tema.

concentrou-se no aumento da eficiência na oferta de serviços públicos e na busca de uma solução para a crise fiscal do país, com propostas que visaram reduzir o tamanho do Estado, envolvendo terceirizações de serviços, privatizações de empresas públicas e reposicionamento do papel regulador do Estado (com redução do grau de intervenção sobre os mercados).

Para efetivá-lo, como bem resumem Araujo e Borges (2018), foram delimitadas quatro áreas de atuação do Estado: (1) núcleo estratégico; (2) atividades exclusivas do Estado; (3) serviços não exclusivos; e (4) produção de bens e serviços para o mercado. Segundo os autores,

> O núcleo estratégico seria o núcleo com elevada capacidade técnica e com a competência de realizar escolhas estratégicas para o conjunto de políticas e formular diretrizes para as diferentes atividades de natureza pública. [...]
>
> [...] para os serviços não-exclusivos a ideia era de que sendo atividades competitivas, poderiam ser controladas não apenas através da administração pública gerencial mas também e principalmente através do controle social e da constituição de quase-mercados. Neste sentido, a alternativa seria a publicização dessas atividades, ou seja, a transferência para o setor público não-estatal. A produção de bens e serviços para o mercado deveria ficar prioritariamente com a iniciativa privada.
>
> [...]
>
> No que se referia à desregulamentação, a ideia é de que havia uma extensa regulamentação sobre as atividades econômicas e sociais e que havia necessidade de revisar o grau de regulamentação existente. (Araujo; Borges, 2008)

Ao redor do mundo, as reformas empreendidas na Administração Pública com base nos princípios da Nova Gestão Pública buscaram metas de diferentes naturezas e, por conseguinte, alcançaram resultados distintos. Segundo levantamento realizado por Cavalcante (2017), ainda que os resultados sejam diversos, as experiências empregadas em vários países revelam uma base comum de institucionalização de ideologias e soluções de mercado na Administração Pública, com descentralização das atividades estatais e agenciamento de organizações do setor público.

> *Para saber mais*
>
> Para ampliar os estudos sobre a Nova Gestão Pública, também chamada de *Administração Pública gerencial*, recomendamos a leitura do trabalho seminal de autoria de Christopher Pollitt e Geert Bouckaert. Esse livro, clássico da literatura no campo de políticas públicas, discute a adoção de reformas relacionadas ao NPM em diferentes países.
> POLLITT, C.; BOUCKAERT, G. **Public Management Reform:** A Comparative Analysis – New Public Management, Governance, and the Neo-Weberian State. Oxford: Oxford University Press, 2011.

Nesse contexto, como pensar a produção de políticas públicas somente a partir das esferas do Estado e dos governos? Se essa já era uma atividade de difícil consecução em períodos anteriores, agora torna-se ainda mais complexa, pois o enfoque se desloca gradativamente para fora da dimensão estatal, com a incorporação de diferentes atores e ordenação de arranjos, formais e informais. Todas essas transformações ganharam um corpo ainda maior nas duas últimas décadas.

Posteriormente às reformas vivenciadas nos países centrais, entre as décadas de 1970 e 1980, e, nos países emergentes, entre as décadas de 1980 e 1990, observa-se o aparecimento de um período que, apesar de denominado *pós-NPM*, se aproxima de um movimento incremental ao seu antecessor, de tal forma que é chamado por alguns autores de *terceira geração de reformas do Estado*.

Essa "terceira geração" mantém a gestão por desempenho e o foco voltado para os resultados, mas procura corrigir os equívocos das experiências empreendidas anteriormente, seja por não terem alcançado a eficiência esperada (Fountain, 2001), seja pela fragmentação excessiva do Estado e pela subjugação às forças de mercado (Zanetti; Adams, 2000), seja pelo atual contexto internacional de demanda de coordenação estatal de questões estratégicas (Ventriss, 2013). Nesse cenário, não se observam mais propostas de grandes reformas, mas proposições de "micro melhorias" (Pollitt; Bouckaert, 2011), sobretudo no que diz respeito aos instrumentos de gestão, tendo como pano de fundo a ampliação dos graus de interrelação e cooperação entre diferentes atores nos processos decisórios, englobando Estado, governo, agentes privados e sociedade civil.

Os formatos hierarquizados inspirados em experiências de mercado, baseados na competição intragovernamental e na busca pela eficiência, gradativamente são transformados em modelos de colaboração entre setores da Administração Pública, com profissionalização da burocracia e inclusão de atores sociais no processo de produção de políticas públicas. Isso de acordo com uma visão holística da ação pública calcada na **governança** (Kooiman, 1993), empregada por meio de processos mais horizontalizados e na qual a capacidade de tomada de decisão e implementação é distribuída entre diferentes atores, sobretudo externos à estrutura do Estado, que passam a figurar como coprodutores e cogestores de políticas públicas (Rhodes, 1997). Essas transformações levaram à consolidação de mecanismos e instâncias participativas que, em última instância, recolocaram a dimensão da **dinâmica política** (*politics*) para uma posição de destaque nas arenas decisórias.

Dessa forma, como podemos compreender o termo *público* que integra a expressão *Administração Pública*? Não há como desconsiderar, nessa dimensão, as organizações não governamentais (ONGs), o setor privado, as organizações comunitárias e a sociedade civil organizada. Ao ultrapassar a fronteira do Estado, a configuração dos problemas públicos aumenta em complexidade, contribuindo também para o aumento da complexidade nos processos de concepção, de implementação e de avaliação das políticas públicas.

O Estado, nesse contexto, é altamente permeável às influências externas e internas, dispondo de uma autonomia relativa, e, por consequência, de condições limitadas para a implementação de políticas públicas (Souza, 2006). Contudo, a fim de que possamos explicar integralmente o significado dessa afirmação, precisamos avançar na compreensão de três conceitos importantes para o campo de políticas públicas: (1) instituições, (2) atores e (3) capacidade estatais.

Você seria capaz de conceituá-los e diferenciá-los? Ao longo das próximas páginas exploraremos os principais aportes de reflexão sobre esses três elementos, de forma a auxiliar você a compreender essas questões.

No tocante às **instituições**, para o nosso escopo, dirigido à gestão de políticas públicas, interessa-nos compreender as instituições (*polity*) como um conjunto de regras, formais e informais, que conformam o espaço da dinâmica política (*politics*) e condicionam o conteúdo da política pública (*policy*). Na prática, instituições são, em sua essência, abstrações, constituídas de estruturas de significados reconhecidos pelos atores sociais, que criam capacidades de atuação, justificam e legitimam códigos de comportamento e promovem ou restringem a ação dos atores políticos. Segundo March e Olsen (2008), elas conformam um conjunto relativamente constante de regras e práticas organizadas, inseridas em estruturas de significado e providas de recursos relativamente resistentes às expectativas e às preferências de indivíduos, bem como de circunstâncias externas.

Neste livro, adotamos a perspectiva neo-institucionalista, abordagem teórica que congrega múltiplas correntes de pensamento, mas que, em comum, reconhece a importância das instituições, ainda que não se conceda a elas uma capacidade explicativa integral, tal como a abordagem normativa que caracterizou o institucionalismo clássico (Hall; Taylor, 1996).

Para saber mais

De forma a expandir os estudos sobre as instituições políticas, as correntes teóricas institucionalista e neo-institucionalista e os elementos de reflexão que as suportam, recomendamos a leitura do livro a seguir.
RHODES, R. A. W.; BINDER, S. A.; ROCKMAN, B. A. (Ed.). **The Oxford Handbook of Political Institutions.** Oxford: Oxford University Press, 2008.

Como corpo teórico, o novo institucionalismo reúne três linhas de abordagem, quais sejam: sociológico, histórico e de escolha racional. Sem a pretensão de analisar as diferenças entre essas correntes de pensamento (o que desviaria o foco deste trabalho), é importante frisar que, independentemente da linha adotada, ao tratarmos de instituições, desde a perspectiva do novo institucionalismo, estamos nos referindo não apenas ao conjunto de regras formais – leis e conjunto normativo estruturados –, mas também ao conjunto de regras informais – composto por hábitos, práticas culturais e valores socialmente compartilhados.

Ao abordar a dimensão das instituições, é possível analisá-las a partir de duas óticas: (1) segundo os **ambientes institucionais**, voltando-se aos elementos de base do funcionamento dos sistemas político, social e econômico, ou (2) a partir dos **arranjos institucionais**, vinculando-se à forma de coordenação de processos em cada um dos campos específicos, nos quais são definidos a articulação dos atores, os interesses e os escopos na implementação de uma política pública específica (Davis; North, 1971; Fiani, 2014).

Esses arranjos relacionam-se diretamente à discussão das **capacidades estatais**, ou seja, a habilidade e a competência do Poder Executivo para definir, de forma legítima, os objetivos e a forma com que pretende implementar as políticas públicas, em interação com os atores externos ao Estado. Ao passo que os primeiros trabalhos sobre o tema voltavam-se à compreensão dos processos de formação e de manutenção do Estado como território soberano (primeira geração), e o Estado mantém sua condição de prover bens e serviços públicos (segunda geração), os estudos recentes sobre as capacidades estatais se direcionam a diferentes perspectivas, nas quais é comum observar a reflexão sobre o papel do Estado no cenário contemporâneo (Cingolani, 2013; Pires; Gomide, 2016).

Adotamos aqui a perspectiva que contraria uma leitura simplista de redução do Estado, advogando que, apesar da transformação de suas funções, sua centralidade como promotor da governança pública permanece. Mesmo com a mudança de papéis – da produção para a regulação –, ainda é de responsabilidade do Estado conceber os arranjos de interação com os atores externos a ele. Para Pires e Gomide (2016), as capacidades estatais exprimem-se em duas dimensões: em nível administrativo, vinculadas a burocracias competentes dotadas de recursos financeiros e tecnológicos, e, em nível relacional, atreladas à habilidade de negociação com atores interessados, com vistas à construção de consensos e coalizões de suporte.

A fim de aproximar essas discussões conceituais da prática de gestão pública, apresentamos, no Quadro 1.3, um modelo de análise das capacidades estatais desenvolvido pela Escola Nacional de Administração Pública (Enap). Embora nosso objetivo central não seja aprofundar a compreensão de cada variável, é interessante observar como se constituem os elementos de reflexão sobre a **capacidade estatal**.

Quadro 1.3 – Dimensões das funções e das capacidades de políticas públicas

	Dimensões (nível constitutivo)	Resultado	Descrição	Fontes de observação (nível indicativo)
Administrativo	Analítica	Eficiência e eficácia	Condições que garantem o desempenho técnico e administrativo	Coleta e análise de dados
				Conhecimento técnico específico
	Técnico-gerencial			Conhecimentos de normas e regulamentações
				Habilidades administrativas
				Gerenciamento de pessoas
				Alocação de recursos financeiros
				Recursos tecnológicos
Relacional	Coordenação interna	Agência	Condições que garantem o funcionamento e coerência interna	Processo coordenado de tomada de decisões
				Estrutura inter e intraorganizacional
				Monitoramento e controle
	Política	Legitimidade	Condições que promovem a interação necessária com o ambiente externo	Controle social e responsabilização
				Instâncias de participação sociais
				Níveis de negociação e interlocução entre os poderes executivo, legislativo e judiciário
				Relacionamento com organizações internacionais

Fonte: Enap, 2018, p. 9.

Independentemente da instância federativa e do tema trabalhado, as dimensões administrativa e relacional encontram-se em evidência e devem ser consideradas no processo de formulação, implementação e gestão de políticas públicas. Concomitantemente, ao agregarmos a essa propositura a leitura das "regras do jogo" não apenas a partir das normas que estabelecem instituições e comportamentos na dimensão formal, mas também das práticas e dos valores disseminados que conformam uma segunda dimensão institucional, abre-se a nós, seja como atores políticos, seja como analistas de políticas públicas, seja como estudiosos sobre o tema, um universo de variáveis que deve ser levado em consideração, pois nos auxilia a compreender o fenômeno de "leis que não pegam", de "políticas públicas que não se efetivam", bem como os "casos de sucesso".

Diante desses fenômenos, os diferentes **atores** envolvidos são colocados em evidência. Todavia, a análise exige clareza a respeito do tema. Para tanto, é preciso delinear o conceito de *atores*, termo amplamente utilizado no campo de políticas públicas, mas que muitas vezes carece de precisão conceitual.

De forma intuitiva, a palavra *ator* remete à interpretação de um papel, como em um teatro. Isso significa, conforme pontua Frey (2000), que os atores políticos e sociais não agem apenas em uma perspectiva de maximização de seus interesses individuais, mas também por meio de seus códigos de conduta e identidade, ora como cidadão, ora como membro de sua classe profissional, ora como integrante de um grupo social específico, posicionamentos esses que influenciam seu comportamento nas arenas políticas.

Assim, são os atores que concentram a unidade de ação, ou seja, eles se organizam nessa unidade para atuar segundo determinados interesses dirigidos, utilizando-se, para isso, dos meios de que dispõem para alcançá-los. Sob essa perspectiva, a depender do caso em análise, é possível identificar atores no papel de indivíduos únicos, de grupo de indivíduos ou, ainda, de um grupo formado por uma série de subgrupos. Na abordagem clássica, o que está em jogo é a coordenação de interesses. Portanto, os atores se configuram com base nessa variável.

Considerando-se o cenário político-institucional, é possível perceber uma multiplicidade de atores a serem coordenados na formulação e na implementação de uma política pública, como nas burocracias dos diferentes poderes (Executivo, Legislativo e Judiciário) e de diferentes níveis federativos (federal, estadual e municipal); os atores políticos eleitos (governantes e parlamentares) e por eles nomeados (primeiro e segundo escalão do governo); bem como as organizações da sociedade civil (organizações patronais, de trabalhadores e movimentos sociais). A organização desses diversos atores em torno de cada política faz com que os espaços de negociação e de decisão, as regras de prestação de contas e transparência e os mecanismos de coordenação e de cooperação também sofram alterações.

No Brasil, um caso recente que ilustra de forma clara essa dinâmica foi o processo de aprovação da Reforma da Previdência ao longo de 2019, envolvendo um número significativo de coalizões de interesse, com uma complexidade muito superior à simples divisão entre atores públicos e privados. O governo, com o apoio da coalizão de grandes empresários, defendia uma reforma mais ampla, mas, ao longo do processo de discussão no parlamento (Câmara dos Deputados e Senado Federal), a proposta passou por modificações decorrentes das pressões e das articulações de interesses de diferentes grupos, como as coalizões formadas por servidores públicos e por militares.

♦ São os atores que concentram a unidade de ação, ou seja, eles se organizam nessa unidade para atuar segundo determinados interesses dirigidos, utilizando-se, para isso, dos meios de que dispõem para alcançá-los. ♦

Ampliando a compreensão do conceito, ao reconhecer que diferentes indivíduos e grupos sociais apresentam diversos graus de organização interna e capacidades distintas de mobilização, Knoepfel et al. (2010) defendem que todos os indivíduos e grupos sociais envolvidos com um problema público, e impactados por uma política pública, devem ser levados em consideração, ainda que constituam, em determinado momento, apenas um ator em potencial que não seja capaz de tomar ações concretas em fases iniciais da ação pública. Para os autores,

> Se os analistas optam por focar apenas no comportamento dos atores mais dinâmicos e ativos, partindo do pressuposto que os grupos passivos constituem "não atores", corre-se o risco de negligenciar certos fatores que são centrais para o entendimento de como determinada política pública se desenvolve. [...] Certamente é mais fácil identificar indivíduos, grupos informais e organizações formais que, tendo acesso aos recursos necessários, participam continuamente da concepção, adoção e implementação de uma política. (Knoepfel et al., 2010, p. 34, tradução nossa)

Sob esse panorama, além de se atentar para os atores de maior destaque, recomenda-se que os esforços também se estendam para todo o quadro social, político e econômico. Por óbvio, o grau de profundidade será menor, mas não se pode deixar de considerá-los. A esta altura, você pode estar se perguntando: Como podemos, minimamente, agrupar esses atores e classificá-los de forma a estruturar essa leitura?

Moon e Ingraham (1998), ao estudarem a governança e as interações entre atores nas reformas do Estado em países asiáticos, propõem uma classificação em três dimensões centrais. A primeira relaciona-se aos políticos, englobando os eleitos e aqueles por eles designados para cargos de primeiro e de segundo escalão. A segunda dimensão é formada por membros da burocracia do Estado, notadamente os servidores públicos de carreira. A última dimensão é composta pelo que, de forma genérica, os autores denominam *sociedade civil*, representando o conjunto de atores externos à Administração Pública.

Alternativamente, Knoepfel et al. (2010) formulam uma classificação em que, também a partir de três dimensões centrais, definem as (1) autoridades político-administrativas, os (2) grupos-alvo e os (3) grupos de beneficiários. Os **grupos-alvo** concentram os atores sobre os quais são impostas obrigações ou concedidos diretos e sobre os quais são impostas ou induzidas alterações de comportamentos mediante intervenção pública (por exemplo, motoristas que dirigem alcoolizados ou indústrias que geram cargas inadequadas de poluição ambiental). Já os **grupos beneficiários** são compostos por indivíduos e organizações de pessoas que são diretamente afetados por um problema público, experimentam seus efeitos negativos bem como sentem as melhorias efetuadas em determinado âmbito (econômico, social, profissional, ecológico etc.), beneficiando-se da alteração de conduta da população-alvo.

De forma periférica a essa tríade, os autores ainda definem o que chamam de *atores terceiros*, que podem ser negativa ou positivamente afetados. Estes, ainda que não diretamente atingidos por determinada política, aproximam-se do grupo-alvo ou do grupo beneficiário a depender da forma como experimentam a transformação da situação presente.

Essas categorizações, que variam em grande medida entre autores, derivam de interesses específicos de análise e de proposição de políticas públicas, podendo ser adaptados por você, leitor, para melhor compor o repertório analítico demandado para cada caso. Assim, ao se deparar com uma situação real, você poderá adaptar modelos previamente concebidos ou propor agrupamentos próprios, sendo fundamental partir da distinção entre a dimensão institucional, os arranjos institucionais, sua articulação em termos de governança pública, a tipologia de atores envolvidos e as capacidades estatais requeridas para efetivar certas ações públicas.

Desse modo, munido desse conjunto de conceitos, você passa a dispor do instrumental conceitual básico para aprofundar seus estudos no campo de políticas públicas. Na próxima seção, veremos as redes de políticas públicas, debate que está profundamente vinculado à discussão sobre governança pública e autonomia relativa do Estado.

1.4 Rede de políticas públicas

O estudo das redes de políticas públicas, exige, primeiramente, um entendimento sobre a perspectiva analítica das redes, buscando averiguar porque essa visão se consolidou como um modelo explicativo amplamente disseminado, que auxilia não apenas na compreensão do universo de interações complexas que orbitam as políticas públicas, mas também na proposição de formas de gerenciamento dessas interações. Portanto, é preciso mergulhar no contexto para, imerso nele, delimitar conceitos e entender sua aplicabilidade.

Ainda que a utilização de abordagens análogas à das redes já possa ser identificada desde a década de 1970 (Klijn, 2007), o conceito de redes de políticas públicas ganha corpo e abrangência, de fato, a partir do final da década de 1990, com a publicação do livro *A sociedade em rede* (1999), do sociólogo espanhol Manuel Castells. Para o autor, o avanço das tecnologias de informação e comunicação (TICs) no final do século XX levou a sociedade capitalista a um novo momento, por ele denominado de *capitalismo informacional*, em tal intensidade que as TICs, hoje, podem ser comparadas ao que foi a eletricidade para a Era Industrial (Castells, 2003).

Nesse contexto, altera-se toda a cadeia de relações e de organização da sociedade, cria-se uma nova morfologia social, passa-se para uma *sociedade em rede*, um sistema aberto, dinâmico e suscetível à inovação (Castells, 1999), no qual se demanda da gestão pública formas mais horizontais de governança, compatíveis com a nova natureza das interações e trocas sociais.

Para Klijn (2007), tais princípios não encontraram suporte na primeira geração de reformas do Estado vinculadas à Nova Gestão Pública, calcadas nos princípios da eficiência e eficácia e na adoção de mecanismos de mercado no qual o cidadão era visto como cliente. Contudo, com o passar do tempo, sobretudo a partir das reformas incrementais promovidas no período pós-NPM, a perspectiva da governança e de uma horizontalização das relações, concomitantemente à participação ativa de atores de diferentes espectros, corroboraram com a consolidação da teoria das redes como explicativa do campo de políticas públicas. Todavia, em que medida o conceito de redes de políticas públicas de fato nos auxilia como instrumental analítico e suporte no processo de produção de políticas públicas?

Para responder a essa questão, partimos do conceito singular de *redes*. De maneira geral, as redes leem a realidade com base em um conjunto de nós interconectados, caracterizados por uma inconstância latente. Assim, os nós e as conexões importam porque há processos de interação. Vale ressaltar que, para um elemento ser considerado um nó, ele precisa estar articulado e, a partir do momento em que suas articulações se encerram, deixar de constituir-se como tal. Essa natureza das relações implica um novo paradigma da arquitetura da complexidade (Börzel, 1998), que caminha em direção à concepção de uma "quase não estrutura" (Duarte; Frey, 2008).

Ao transpô-lo para nosso campo de estudo, plasma-se o conceito de *redes de políticas públicas* (*policy networks*), importante para a análise dos processos de conflito e coalizão na esfera político-administrativa. Ainda que não haja um único conceito, Börzel (1998) descreve essas redes como um conjunto não hierárquico, relativamente estável, no qual estão conectados múltiplos atores, públicos e privados, com interesses distintos, mas interdependentes entre si, e que dispõem, ainda, de alta densidade comunicativa, além de intercambiarem recursos com vistas à efetivação de seus interesses sobre determinada política pública.

Um aspecto central nesse conceito é o grau de perenidade das redes. Frey (2000) parte desse critério para diferenciá-las segundo o nível da política pública com a qual se conectam. Assim, quando as redes não se concentram em torno de políticas setoriais como um todo (por exemplo, a política de meio ambiente), mas orbitam em recortes mais específicos (como um programa de reaproveitamento de resíduos), são denominadas *redes temáticas* (*issue networks*). Essas redes, embora envolvam uma quantidade maior de participantes, têm permanência menos estável e caracterizam-se pela tendência desses participantes não apresentarem interesses materiais patentes, que motivariam seu engajamento intelectual ou emocional.

Por outro lado, as *redes de políticas públicas* (*policy network*) concentram atores, que, via de regra, mobilizam-se em razão dos interesses materiais (expressos ou ocultos), em conjuntos de interação que, apesar de abertos, tendem a manter uma maior constância e voltam-se a pautas maiores, normalmente vinculadas às grandes políticas setoriais.

Paralelamente a essa discussão, ainda podemos dividir as abordagens de *policy networks* em duas escolas: a escola de intermediação de interesses e a escola de governança. Na primeira, detentora de um corpo de reflexão maior, as redes constituem um aparato genérico de interpretação das formas de relacionamento entre Estado e grupos de interesse. Na segunda, as redes são interpretadas como uma forma específica de interação público-privado, com o objetivo de possibilitar a mobilização de recursos públicos socialmente dispersos entre os atores (Börzel, 2008).

Neste livro, adotaremos a segunda linha de intelecção, mais próxima do campo de gestão de políticas públicas, no qual nos concentramos. Destarte, nosso escopo central está voltado para os resultados das interações, partindo de um cenário no qual diferentes atores se posicionam de acordo com a frequência e a intensidade* de suas interações (Börzel, 1998), em um contexto de redução da capacidade de solução de problemas nos sistemas decisórios contemporâneos, acarretando sua desagregação em subsistemas de atores com competências especializadas e recursos limitados (Hanf; O'Toole Jr., 1992).

Por fim, é importante destacar, sobretudo no período pós-NPM, que a forma de **pensar por redes** (e, assim, em interações não hierarquizadas de atores da sociedade) não implica necessariamente a redução da relevância das burocracias do Estado. Ao contrário, como bem apontam Meier e Hill (2007), muitas redes são compostas, ao menos em parte, por burocracias ou atores a elas vinculados, de forma que

✦ ✦ ✦

---

* Sobre esse tema, há um vasto conjunto de pesquisas, que buscam analisar custos de transação, relevância de atores assimétricos em processos horizontalizados de cooperação e redes de políticas públicas – ver, por exemplo, o estudo realizado por Nascimento Neto (2013) a respeito dos arranjos de cooperação intermunicipal para gestão de resíduos sólidos em regiões metropolitanas brasileiras.

> A distinção entre redes e hierarquias, na prática, pode ser bem menos significativa que na teoria. [...] Nem as redes nem as burocracias provavelmente desaparecerão como instrumentos de política pública. Cada uma delas fornece funções relevantes na implementação de políticas públicas, em tal medida que os formuladores continuarão a utilizá-las conjuntamente. (Meier; Hill, 2007, p. 62, tradução nossa)

Corroborando o exposto, Klijn (2007) argumenta que, diversamente da abordagem teórica discutida em livros, as redes de políticas públicas apresentam uma "tendência à institucionalização", uma tensão frente à sua própria natureza dinâmica e fluída. Destarte, diante dessa estrutura de conflitos, há uma parte da literatura que considera importante a existência de um gestor da rede (*network manager*), responsável por promover e coordenar as interações, com o intuito de incorporar atores no processo ou desativá-los quando sua participação não é produtiva, articular visões em direção a objetivos comuns ou gerenciar a coleta e busca de informações.

Independentemente de suas atribuições, a presença de um *network manager* não é consensual entre os autores, pois parte da literatura considera que, por meio de uma abordagem *top-down* (ou seja, centralizada), pode-se definir claramente um objetivo comum, algo que contrariaria a própria natureza das redes. Ainda que não haja consenso e pesquisas suficientes sobre o tema, ao nos deslocarmos para o campo concreto da gestão de políticas públicas, percebemos que as formas de gestão de redes já estruturadas outorgam uma maior transparência na prestação de contas (*accountability*) (Klijn, 2007), fator imprescindível quando se trata da aplicação de recursos públicos.

Consultando a legislação

- Constituição Federal de 1988, que visa instituir um Estado Democrático, destinado a assegurar o exercício dos direitos sociais e individuais, a liberdade, a segurança, o bem-estar, o desenvolvimento, a igualdade e a justiça como valores supremos de uma sociedade fraterna, pluralista e sem preconceitos, fundada na harmonia social e comprometida, na ordem interna e internacional, com a solução pacífica das controvérsias.
- Lei Complementar n. 59/1991, que dispõe sobre a repartição de 5% do ICMS aos municípios com mananciais de abastecimento e unidades de conservação ambiental.
- Lei n. 8.742/1993, denominada *Lei Orgânica de Assistência Social*, que dispõe sobre a organização da Assistência Social.
- Lei n. 9.394/1996, que estabelece as diretrizes e bases da educação nacional.
- Lei n. 9503/1997, que institui o Código de Trânsito Brasileiro.
- Lei n. 12.651/2012, que institui o Código Florestal Brasileiro.
- Lei n. 12.711/2012, que dispõe sobre o ingresso nas universidades federais e nas instituições federais de ensino técnico de nível médio.
- Lei n. 13.487/2017, que institui o Fundo Especial de Financiamento de Campanha (FEFC) e extingue a propaganda partidária no rádio e na televisão.
- Lei n. 13.874/2019, chamada de Lei da Liberdade Econômica, que altera uma série de dispositivos legais e, entre elas, cria a Análise de Impacto Regulatório.

Síntese

Neste capítulo, abordamos uma série de elementos estruturantes do campo de políticas públicas, de forma a munir você, leitor, de conceitos básicos sobre os quais nos aprofundaremos nos capítulos seguintes. Para tanto, partimos do próprio conceito de políticas públicas, assumindo uma dimensão mais abstrata e definindo-o como um campo responsável por fundamentar a atuação pública bem como analisar seus resultados. Como vimos, nesse campo estão em evidência tanto a ação do Estado quanto os processos de decisão dos governos. Na sequência, apresentamos um ponto de vista mais instrumental, que entende a política pública como um conjunto de ações e decisões tomadas pelo governo nas diferentes instâncias, e que implica a participação direta ou indireta de entes públicos e privados, visando coordenar os recursos do Estado, da sociedade civil e da iniciativa privada para responder a problemas públicos, reconhecidos socialmente e definidos politicamente. Assim, a adoção de um conceito ou outro depende de cada profissional, de acordo com o ambiente e o escopo em que estiver inserido.

Além dessa conceituação inicial, também evidenciamos em que consistem as dimensões *policy, polity e politics* e as tipologias constitutivas, regulatórias, distributivas e redistributivas. Com base nessas ideias, diferenciamos Estado e governo e, por conseguinte, políticas de Estado e políticas de governo, elementos importantes não apenas para a compreensão, mas também para a organização conceitual que se faz neste trabalho. Na sequência, caracterizamos o problema público em contraposição a simples condições.

Por fim, contextualizamos o panorama da gestão pública recente desde o conjunto de reformas empreendido no movimento da Nova Gestão Pública (*New Public Management* – NPM) e seus reflexos sobre o cenário contemporâneo (pós-NPM). Após, discorremos a respeito das instituições, dos atores e de suas tipologias. Ao final do capítulo, chegamos à construção da ideia de autonomia relativa do Estado, abrangendo suas implicações para o campo de políticas públicas e sua relação com a emergência de diferentes formas de governança e arranjos de *policy networks*.

Questões para revisão

1. (MP-AL – 2018 – FGV) Determinado município decidiu mudar radicalmente sua política de IPTU. Por essa nova política, a partir do ano de 2019, todos os imóveis avaliados em até 200 mil reais terão isenção de IPTU, e aqueles com valores superiores a 1 milhão de reais serão tributados em dobro, garantindo a manutenção do valor arrecadado e o financiamento das políticas urbanas. O caso apresentado, segundo a tipologia de políticas públicas de Theodore Lowi, é um exemplo de política:

   a. constitutiva.
   b. regulatória.
   c. redistributiva.
   d. distributiva.
   e. intervencionista.

2. (CFP – 2012 – Quadrix) Os novos arranjos das políticas públicas preveem uma nova relação entre Estado e sociedade. A descentralização do processo decisório e a capacidade de implementação e acompanhamento das políticas públicas por parte da sociedade recebe o conceito de "governança democrática". Pode ser considerada, como exemplo, instituição de gestão participativa e governança democrática no Brasil:

   a. Ministério do Desenvolvimento Social.
   b. Conselho de Desenvolvimento Econômico e Social.
   c. Organização para a Cooperação e Desenvolvimento Econômico (OCDE).
   d. Organização das Nações Unidas para a Educação, a Ciência e a Cultura.
   e. Banco Nacional de Desenvolvimento Econômico e Social.

3. (Metrô-SP – 2010 – FCC) Na análise de políticas públicas utiliza-se a distinção entre os termos *polity*, *politics* e *policy*. Tais termos são relativos respectivamente a:

   a. dimensão institucional ou estruturas do sistema político; dimensão processual ou processos de negociação política; dimensão material ou configuração dos programas políticos, problemas técnicos e resultados concretos.

   b. dimensão material ou configuração dos programas políticos, problemas técnicos e resultados concretos; dimensão institucional ou estruturas do sistema político; dimensão processual ou processos de negociação política.

   c. dimensão processual ou processos de negociação política; dimensão institucional ou estruturas do sistema político; dimensão material ou configuração dos programas políticos, problemas técnicos e resultados concretos.

   d. dimensão processual ou processos de negociação política; dimensão material ou configuração dos programas políticos, problemas técnicos e resultados concretos; dimensão institucional ou estruturas do sistema político.

   e. dimensão institucional ou estruturas do sistema político; dimensão material ou configuração dos programas políticos, problemas técnicos e resultados concretos; dimensão processual ou processos de negociação política.

4. Explique os motivos pelos quais os temas *governança* e *redes de políticas públicas* emergiram com força no cenário atual e qual é a sua importância na produção contemporânea de políticas públicas.

5. Diferencie *condição* de *problema público*, explicitando a relação desses conceitos com o processo de formulação de políticas públicas.

Questão para reflexão

1. Considerando as oportunidades e os desafios dos mecanismos de gestão de redes de políticas públicas (*network management*), discorra sobre sua pertinência e efetividade a partir de um caso real que você observe em seu contexto local. Articule a resposta com o contexto maior das governanças e da sociedade em rede. Em síntese, responda: A coordenação de atividades em configurações supostamente não coordenadas (redes) exerce impacto positivo?

✦ ✦ ✦

capítulo dois

Formulação e gestão de políticas públicas: o ciclo da política pública

Conteúdos do capítulo:

+ Ciclo da política pública e sua relevância para o campo.
+ Formação do problema público e definição de agenda.
+ Implementação e avaliação de políticas públicas.

Após o estudo deste capítulo, você será capaz de:

1. analisar casos de políticas públicas segundo suas etapas fundamentais;
2. articular conceitos e aportes explicativos para cada uma das políticas públicas;
3. compreender o processo de produção de políticas públicas.

Antes de discutirmos os tópicos deste capítulo, é necessário atentar para o fato de que, ao utilizarmos a expressão *formulação e gestão de políticas públicas*, há um risco de o leitor menos atento identificar e reduzir a dois momentos estanques: formulação e gestão. Contudo, na realidade, o que existe é um processo contínuo e múltiplo, que abrange um conjunto de atividades inter-relacionadas, não sendo possível conceber etapas autônomas ou independentes. Nesse sentido, observar as situações reais auxilia nessa compreensão.

Tomemos como exemplo a política habitacional (mas, vale dizer, qualquer tema que você escolha é permeado por uma dinâmica semelhante). Caso consideremos apenas o contexto do Brasil (ou seja, já efetuando um recorte de simplificação), você conseguiria identificar quando o tema da habitação passou a ser tratado como política pública? Em uma resposta rápida, poderíamos pensar que esse marco temporal se inicia em 2004, com a Política Nacional de Habitação, ou, antes, na década de 1960, com o Banco Nacional de Habitação. Ainda, poderíamos regressar mais no tempo, nas décadas de 1940 e 1950, lançando-se luz sobre as experiências dos Institutos de Aposentadorias e Pensões (IAPs), vastamente explorado por Bonduki (2017; 2014).

Assim, a despeito da aparente simplicidade da pergunta, ao se debruçar sobre o tema, você percebe que ele tem sido historicamente abordado, com variações nas formas, nos instrumentos e nos graus de participação do Estado. Mas, se esse é o cenário delineado, ou seja, se dificilmente encontramos pontos específicos de início e fim completos, como podemos reconhecer o(s) momento(s) em que ocorre a formulação de políticas públicas?

De fato, seja para fins analíticos, seja para fins propositivos, sempre adotamos recortes em nossas leituras – temporais, temáticos ou escalares. A formulação de políticas públicas não ocorre no vazio, mas inserida em determinado contexto político, econômico e social. Assim, geralmente, ela tende a acontecer no contínuo do processo de gestão de uma política pública anterior, com frequentes sobreposições de etapas. Isto é, ao mesmo tempo que uma condição está em debate na arena política e conforma determinado problema público, ações decorrentes das políticas públicas legalmente instituídas estão sendo implantadas em outra dimensão da esfera política, por vezes em dissonância das novas leituras em formação.

Em síntese, deve-se sempre ter em mente a natureza imbricada e dinâmica desses processos, de forma a não incorrer no erro de simplificar uma política pública em um mero passo-a-passo, a ser reproduzido em qualquer contexto. A realidade social e seus desdobramentos em termos de *politics*, *polity* e *policy* permitem compreender que, frente à complexidade contemporânea, não há um único ponto de partida ou um mero encadeamento formal de etapas.

Após essas ressalvas, estamos prontos para analisar o tema de estudo deste capítulo com base em representações modelares, ou seja, simplificações da realidade que buscam organizar sua complexidade em um número reduzido de variáveis ou dimensões que têm o intuito de construir conjuntos de explicações para a natureza das interações políticas, a influência exercida pelas instituições ou os elementos decisivos para a conformação do conteúdo de uma política pública. Entre esses modelos, há uma concentração grande de esforços na decomposição de fases do processo político-administrativo de resolução de problemas, isso de acordo com o modelo **heurístico**.

Assim, o **ciclo da política pública** (*policy cycle*) é um dos modelos explicativos mais disseminados na literatura. Ele envolve a divisão em uma série de etapas que correspondem a uma ordenação sequencial dos elementos integrantes do processo político, possibilitando a compreensão de pontos críticos nos quais decisões importantes de determinada política são tomadas.

> *Preste atenção!*
> **Você sabe o que é um modelo heurístico?**
> Embora o termo aparente ser de grande complexidade, trata-se, em essência, de um modelo de simplificação da realidade, que busca facilitar sua compreensão e, sobretudo, a solução de um problema, a partir da decomposição de um problema complexo em partes menores, de resolução mais fácil.

A primeira concepção do processo político dividido em fases foi desenvolvida por Lasswell, em 1956, que o decompôs em sete estágios: (1) inteligência, (2) promoção, (3) prescrição, (4) invocação, (5) aplicação, (6) término e (7) avaliação. Embora a sequência proposta tenha sido objeto de uma série de críticas durante as décadas seguintes (sobretudo pela avaliação proceder ao término), os modelos de estágios foram amplamente adotados, apresentando diversas variações quanto à tipologia das fases e, por vezes, incluindo subfases.

A despeito das diferenças pontuais, essas propostas de divisão do ciclo político têm uma essência comum. Em linhas gerais, os autores tendem a conceber seu modelo com base na seguinte sequência básica: formação da agenda pública, formulação da política, implementação e avaliação. Graficamente, essas etapas assumem uma forma circular, explicitando, assim, a natureza cíclica do modelo (Figura 2.1).

Ainda que em um ambiente real não haja uma ordenação linear e estanque entre os estágios, esse modelo tem se mostrado de grande relevância, pois funciona como uma tipologia ideal de escolha racional, sendo utilizado como quadro de referência para a sistematização e a comparação de abordagens, além de fornecer contribuições individuais para a área de políticas públicas (Frey, 2000; Dye, 2009; Werner; Wegrich, 2007).

Figura 2.1 – Ciclo da política pública (perspectiva sintética)

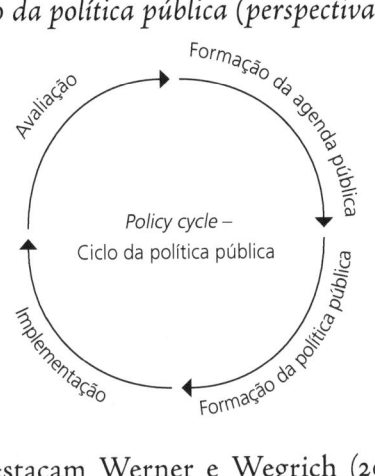

```
          Formação da agenda pública
     Avaliação  →
        ↗              ↘
   Policy cycle –
   Ciclo da política pública
        ↖              ↙
     Implementação  ←  Formação da política pública
```

Conforme destacam Werner e Wegrich (2007), trabalhar com uma perspectiva cíclica enfatiza os processos de aprendizagem e *feedback* entre demandas e resultados de ciclos anteriores. Os resultados (*outputs*) de um processo no tempo T1 geram impacto em termos gerais na sociedade e serão convertidos em demandas e apoios (*inputs*) para um processo de produção de política pública no tempo T2.

Neste livro, adotaremos essa classificação básica para explicar o processo de produção de políticas públicas como um conjunto articulado e cíclico de fases. Nas próximas seções, discutiremos cada uma dessas etapas de forma pormenorizada.

2.1 *Formação da agenda pública*

A primeira etapa, relacionada à definição da agenda, envolve a compreensão dos motivos pelos quais determinado problema coletivo, dentro de um conjunto infinito de possíveis campos de ação, é selecionado para ser objeto de uma política pública.

Fuks (2000) aponta para a relação entre a definição da agenda e a dinâmica do debate público em si, questionando por que alguns assuntos ganham papel de destaque na arena pública e quais atores participam desse processo. De forma concomitante, também interessa compreender os assuntos que não são incluídos na agenda pública, seja pela fragilidade dos atores envolvidos em sua promoção, seja pela estratégia deliberada de determinados grupos, interessados em excluí-los do debate público e, em última instância, da ação pública.

> Quais ideias são as vencedoras na discussão social? É indiscutível que algumas pessoas e corporações possuem maior capacidade de incluir, hierarquizar e excluir temas da discussão social. Assim, a agenda pública se constitui como um jogo de poder no qual legitimidades (e ilegitimidades) são formadas bem como organizam-se valores específicos, ainda que de maneira implícita.
> (Parada, 2006b, p. 74, tradução nossa)

Uma série de estudos, desde a década de 1960, tem demonstrado que a construção da agenda é um processo eminentemente político, em que diversos atores, internos e externos ao governo, procuram constantemente influenciar sua definição. O envolvimento de atores específicos, a escolha de determinados ambientes institucionais para o debate e o uso estratégico de cobertura da mídia* têm sido recorrentemente utilizados como táticas para pressionar o governo a incluir certos temas na agenda.

Também são de fundamental importância a constelação de interesses envolvidos, a capacidade das instituições públicas em agir

◆ ◆ ◆

* Werner e Wegrich (2007) destacam a relevância da mídia nas sociedades modernas, especialmente quando novos tipos de problemas (ou riscos) emergem. Nesse contexto, os governos frequentemente são confrontados com situações em que não podem "ignorar o sentimento público", obrigando-se a priorizar determinados tópicos na agenda política.

de forma efetiva, o fluxo de percepção dos problemas coletivos e o conjunto de soluções vinculadas aos diferentes problemas existentes. A forma como essas variáveis distintas interagem é altamente dependente do ambiente em que elas se inserem. Sob essa perspectiva, a definição da agenda, distante de se caracterizar como um processo racional e organizado, não conduz necessariamente a seleção dos temas de maior urgência de uma comunidade. Segundo Subirats (2006, p. 201), os problemas respondem a uma decisão voluntária e, por conseguinte, "não tem vida própria à margem dos indivíduos ou grupos que os definem".

Ademais, dificilmente encontraremos temas independentes em debate. Pelo contrário, o que temos, na realidade, são problemas interdependentes, com uma série de pontos em comum, que exigem, quando estamos na posição de elaborador ou analista de políticas públicas, o emprego de uma visão holística do processo.

Vamos recuperar o mesmo exemplo do início do capítulo: o problema habitacional. Ao pensar na habitação como um problema público, considerando o contexto brasileiro, é preciso considerar, entre outros temas, a provisão de moradia para a parcela da população que vive em condição de vulnerabilidade socioespacial, a urbanização e regularização fundiária de áreas já consolidadas e a promoção de condições adequadas de acesso à moradia para as famílias de renda média. Tratar disso, porém, implica também planejar quais são as áreas da cidade mais aptas a receber diferentes tipos de ocupação urbana, quais são as infraestruturas necessárias para cada uma delas, como dimensionar os serviços públicos que devem ser ofertados na região etc.

Embora hipotético, esse exemplo reflete a complexidade e a subjetividade que recobrem a dinâmica de construção de problemas públicos. Vejamos a Figura 2.2, a seguir, que ilustra bem o exemplo:

Figura 2.2 – Interdependências de temas (exemplo hipotético*)

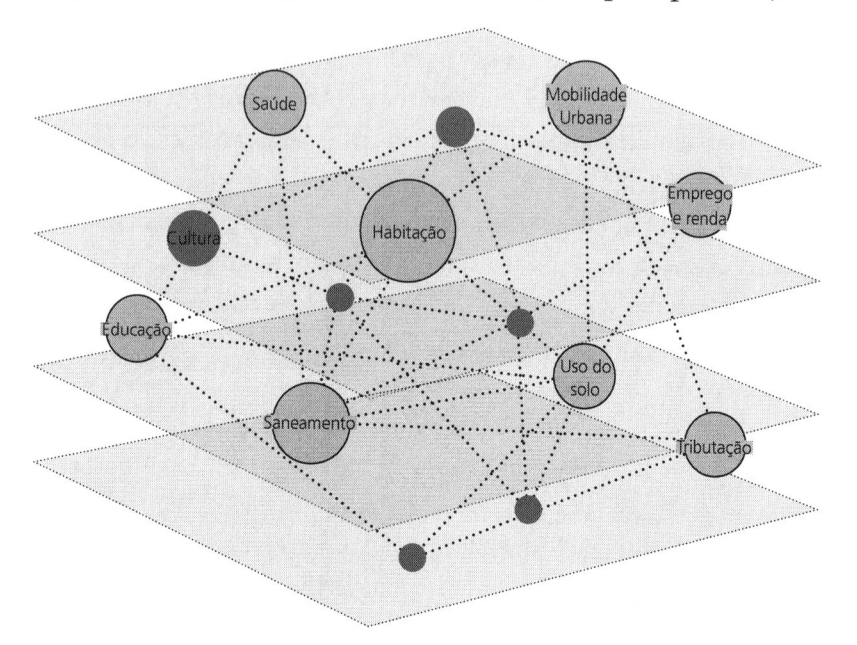

Em uma abordagem de escolha racional e de forma a possibilitar o alcance de um grau mínimo de delimitação do problema, uma alternativa usualmente adotada no âmbito da Administração Pública é a construção de uma **árvore do problema**. Essa técnica parte do pressuposto que é possível delimitar um problema focal (objeto central de atenção), articulando a ele as principais causas e consequências decorrentes, que também podem se desenvolver em mais de um nível de causalidade. Ao expor essa leitura das relações em um diagrama, enxerga-se de forma mais transparente o modelo mental adotado pelos promotores de determinada política, embasando, inclusive, processos abertos de (re)construção coletiva dessa árvore. A pactuação

✦ ✦ ✦

* Esse exemplo é apenas uma representação ilustrativa de possíveis conexões temáticas, portanto, as relações e pertinências são apenas exemplificativas e hipotéticas, a fim de expressar graficamente a complexidade anteriormente explicada.

da rede de interações entre os temas, com a delimitação do recorte factível de ação (ou seja, o limite do escopo adotado) contribui para o processo de formulação do problema público.

Cabe realizarmos, agora, um exercício de reflexão. Vamos supor que você atua na prefeitura local e foi nomeado coordenador de uma equipe de elaboração de um programa voltado à valorização de resíduos recicláveis, atividade inexistente em seu município. Sem desconsiderar que a árvore do problema resulta de uma construção coletiva (interna ao Estado) e participativa (com atores externos ao Estado), como você articularia a primeira versão dessa árvore? Pense sobre o problema focal, suas causas e suas consequências decorrentes.

Ao colocar o problema focal no centro da árvore e iniciar o levantamento de problemas vinculantes e vinculados, possivelmente você perceberá que a estratégia de intervenção tem de contemplar elementos que inicialmente não haviam sido pensados ou mesmo chegará à conclusão da incapacidade do escopo de programa para o qual foi designado para resolver a questão imposta, devendo articular-se a outros programas ou, ainda, repactuar o problema focal. A Figura 2.3, a seguir, apresenta uma formulação hipotética, de forma a ilustrar o processo de construção da árvore do problema.

Ainda, cabe ressaltar que tão importante quanto a árvore em si é seu processo de construção e reconstrução, realizado de forma coletiva e participativa, permitindo um melhor delineamento do problema público* e, por conseguinte, gerando melhores subsídios para fundamentar a ação pública.

♦ ♦ ♦

* Essa afirmação é dotada de uma postura propositalmente pragmática (e, por consequência, naturalmente limitada), de forma a gerar bases de atuação à gestão pública. Em termos mais amplos de discussão, não adotamos, neste livro, a abordagem da escola da escolha racional, reconhecendo que, de fato, há limitações de recursos cognitivos, financeiros e humanos, além das próprias restrições de tempo e capacidade institucional, a partir das quais a definição de problemas públicos ocorre dentro do que se convencionou chamar de "reserva do possível", inevitavelmente enviesada pelo conflito de interesses dos diferentes atores envolvidos.

Figura 2.3 – Árvore do problema (exemplo hipotético de uma versão preliminar)

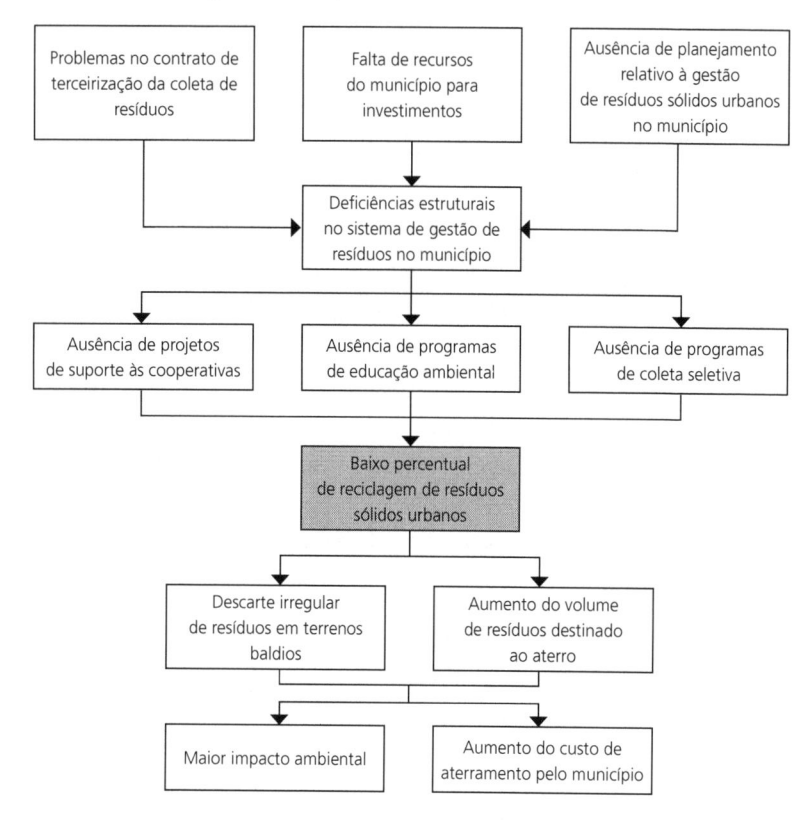

```
┌──────────────────┐   ┌──────────────────┐   ┌──────────────────┐
│ Problemas no     │   │ Falta de recursos│   │ Ausência de      │
│ contrato de      │   │ do município para│   │ planejamento     │
│ terceirização da │   │ investimentos    │   │ relativo à gestão│
│ coleta de        │   │                  │   │ de resíduos      │
│ resíduos         │   │                  │   │ sólidos urbanos  │
│                  │   │                  │   │ no município     │
└────────┬─────────┘   └────────┬─────────┘   └────────┬─────────┘
         │                      ▼                      │
         │         ┌──────────────────────┐            │
         └────────▶│ Deficiências         │◀───────────┘
                   │ estruturais no       │
                   │ sistema de gestão de │
                   │ resíduos no município│
                   └──────────┬───────────┘
        ┌─────────────────────┼─────────────────────┐
        ▼                     ▼                     ▼
┌──────────────────┐ ┌──────────────────┐ ┌──────────────────┐
│ Ausência de      │ │ Ausência de      │ │ Ausência de      │
│ projetos de      │ │ programas de     │ │ programas de     │
│ suporte às       │ │ educação         │ │ coleta seletiva  │
│ cooperativas     │ │ ambiental        │ │                  │
└──────────────────┘ └────────┬─────────┘ └──────────────────┘
                              ▼
                  ┌──────────────────────┐
                  │ Baixo percentual de  │
                  │ reciclagem de        │
                  │ resíduos sólidos     │
                  │ urbanos              │
                  └──────────┬───────────┘
                   ┌─────────┴─────────┐
                   ▼                   ▼
          ┌──────────────────┐ ┌──────────────────┐
          │ Descarte         │ │ Aumento do volume│
          │ irregular de     │ │ de resíduos      │
          │ resíduos em      │ │ destinado ao     │
          │ terrenos baldios │ │ aterro           │
          └────────┬─────────┘ └────────┬─────────┘
                   ▼                    ▼
          ┌──────────────────┐ ┌──────────────────┐
          │ Maior impacto    │ │ Aumento do custo │
          │ ambiental        │ │ de aterramento   │
          │                  │ │ pelo município   │
          └──────────────────┘ └──────────────────┘
```

A formação dessa agenda pública não acontece de forma simples e direta. Segundo Dye (2009), a captação de atenção para um tema, de forma a pressionar o governo a agir sobre ele, conforma determinadas **táticas políticas** (*political tatics*) adotadas por diferentes atores, como grupos de interesse organizados, organizações de planejamento, atores influentes no cenário local, candidatos políticos, elites, meios de comunicação em massa, bem como o próprio governo. Como pano de fundo, não podemos esquecer, ainda, que não existem conhecimentos técnicos que sejam neutros, visto que eles operam em ambientes políticos complexos, conflituosos e, portanto, estão sujeitos a certo grau de discricionariedade.

Nessa dinâmica, a inclusão de temas na agenda pública pode iniciar em um movimento de baixo para cima (*bottom up*) ou de cima para baixo (*top down*), em correspondência à sua emersão e a partir da sociedade, de grupos específicos ou do próprio governo. Frequentemente, governos são confrontados com "situações de escolha forçada" (Werner; Wegrich, 2007), nas quais se veem coagidos a priorizar determinado tema na agenda, sob pena de perda da legitimidade ou credibilidade.

Preste atenção!

As redes sociais vêm desempenhando um papel importante no sentido de pressionar os governos, amplificando a formação de grupos de interesse e facilitando a organização de protestos e ações de grandes dimensões, levando os temas para a pauta pública. Um exemplo recente é o conjunto de movimentos conhecido como *Jornadas de Junho de 2013*, caracterizado por uma onda de protestos que ocorreu em uma série de cidades brasileiras, originadas pelo tema do aumento da tarifa do transporte coletivo, mas que logo ampliou sua pauta. É simbólico desse período o *slogan* "Não é só pelos R$ 0,20", em referência ao aumento de vinte centavos que motivou o início dos protestos na cidade de São Paulo. Como resultado, houve a revogação do aumento de tarifas em diversas cidades, bem como o que se chamou de "agenda positiva" no Congresso Nacional, com a votação de projetos de lei que atendiam algumas demandas reivindicadas nesses protestos.

Em linhas gerais, as políticas públicas decorrentes de pressão popular tendem a ter um ciclo de vida mais curto ou ser objeto de diversas readequações nos estágios subsequentes, assim que a atenção pública se dirige a outro tema. Dessa forma, os conflitos inerentes a essa etapa envolvem não somente a atração da atenção a uma questão, mas também sua manutenção na agenda pública. Para Fuks (2000, p. 82), isso demanda "assegurar a contínua dramaticidade do problema em questão, por meio da criação de 'notícias' e da renovação dos recursos simbólicos associados ao tema".

Em consonância com as reflexões realizadas, podemos identificar diferentes aportes teóricos que buscam discutir essa questão. Uma das proposições de maior destaque é o conceito de **ciclo de atenção a questões** (*issue-attention cycle*) proposto por Anthony Downs (1972), economista americano, o qual também é abordado por Werner e Wegrich (2007) com o nome de *ciclo de atenção e volatilidade do problema*.

Para Downs (1972), a concentração de atenção sobre a maior parte dos problemas públicos é cíclica, organizando-se em cinco momentos, que influenciam o comportamento do público em relação às questões colocados. Na Figura 2.4, a seguir, demonstramos essas cinco etapas e, na sequência, as descrevemos.

Figura 2.4 – Ciclo da atenção às questões

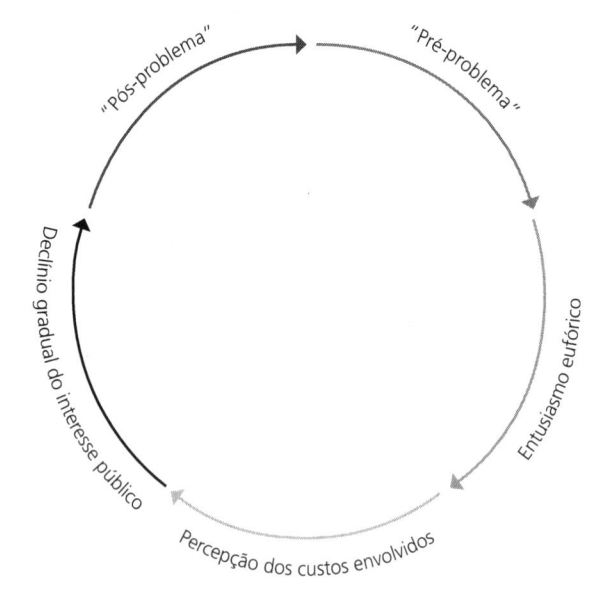

Fonte: Elaborado com base em Downs, 1972.

Na primeira etapa, denominada *"pré-problema"*, determinada condição social, apesar de existente, não captura atenção pública significativa, ainda que especialistas e certos grupos de interesse já a considerem relevante. Na sequência, em razão de uma série de eventos mais dramáticos ou de quaisquer outros motivos, ocorre uma ampliação da percepção pública sobre os problemas engendrados por determinado tema. Esse processo é acompanhado de um **entusiasmo eufórico**, em que se adota uma postura otimista a partir da qual se passa a acreditar que é possível resolver o problema ou, ao menos, intervir de forma efetiva sobre ele.

Após, é concebida, pautando-se na realidade, uma **percepção dos custos envolvidos** na resolução desse problema, que geralmente são elevados e exigem não apenas um grande volume de recursos financeiros, mas também maiores sacrifícios dos setores da população. Destarte, o público, em geral, começa a perceber que parte dos problemas são resultado de arranjos que geram "benefícios" significativos para uma parcela usualmente grande da população.

Com isso, há um **declínio gradual na intensidade do interesse público** sobre o problema. À medida que as pessoas percebem as dificuldades e os custos impostos a elas na resolução desse problema, o desejo público de manter a atenção voltada ao tema diminui, ao mesmo tempo que outros temas estão entrando no segundo estágio, conformando um foco poderoso de atração de atenção.

Na etapa final desse ciclo, chamada de *"pós-problema"*, o tema sai do centro de atenção e move-se para um limbo, onde oscila entre uma atenção diminuta e interesses recorrentes espasmódicos. Entretanto, conforme aponta Downs (1972), ao chegar a esse ponto, o tema já atingiu uma relação diferente com a atenção pública: durante o ciclo, novos programas, políticas e alterações institucionais ocorridas tendem a persistir e continuar gerando impactos positivos sobre o tema, ainda que já sem grande atenção pública.

Como temos feito ao longo deste livro, para facilitar a compreensão, é interessante aplicar esses aportes teóricos sobre um caso prático brasileiro. Assim, o ciclo pôde ser observado na última década, em algumas capitais brasileiras, no tocante aos problemas decorrentes de congestionamentos e do tráfego intenso de veículos, relacionados ao aumento do número de carros circulando nas cidades.

Há muito tempo, nos meios técnicos especializados, formulou-se a consensual leitura de que esse problema não se resolverá com o simples aumento da infraestrutura viária, o que acarretaria um aumento ainda maior do número de carros, mas que deve envolver políticas de incentivo ao uso do transporte coletivo, da bicicleta, do deslocamento a pé e da intermodalidade como respostas do Poder Público.

Alguns governos locais implementaram políticas de mobilidade calcadas na redução do uso do transporte motorizado individual em favor da ciclomobilidade e do uso do transporte coletivo. Entretanto, isso implica restrições ao uso rotineiro do carro, utilizado por um número elevado de pessoas.

Um exemplo notório foi o caso de São Paulo. Para se ter uma ideia, apenas na cidade de São Paulo (portanto, sem considerar os carros da Região Metropolitana), dados da Companhia de Engenharia de Tráfego (CET) apontam para um número superior a 6 milhões de carros. Em outras palavras, as ações públicas vinculadas ao estímulo a outros modais impactavam, inevitavelmente, reduções de infraestruturas ocupadas por vias convencionais de circulação utilizadas, *grosso modo*, por 6 milhões de pessoas.

De início, houve um processo positivo de aceitação no âmbito das proposições e diretrizes de ação. De fato, há uma percepção consensual na sociedade sobre a urgência da redução de carros nas ruas, a importância do uso da bicicleta e da opção pelo deslocamento a pé. Mas, ao mesmo tempo, quem está disposto a alterar seus hábitos e deixar o carro na garagem? Assim, os usuários cotidianos do transporte motorizado individual, ao perceberem que isso levou a constrangimentos na infraestrutura disponível para sua circulação – por exemplo, redução da velocidade máxima e redução de número de pistas em determinados eixos viários –, passaram a rejeitar a proposta em curso, o que impactou o percentual de aprovação do governo local, e, ainda, levaram sugestões diametralmente opostas a de seus concorrentes no pleito eleitoral subsequente.

> *Para saber mais*
>
> Caso deseje se aprofundar mais nesse caso em particular, recomendamos o recente estudo de Leite, Cruz e Rosin (2018), que aborda o tema a partir da ótica da teoria de difusão de políticas públicas, investigando como a ideia da política cicloviária originou-se, adaptou-se e enfrentou resistências no contexto social e político de São Paulo (SP).
>
> LEITE, C. K. da S.; CRUZ, M. F.; ROSIN, L. B. Difusão da política cicloviária no município de São Paulo: resistências, apoios e o papel da mídia. **Revista de Administração Pública**, v. 52, n. 2, p. 244-263, 2018. Disponível em: <http://bibliotecadigital.fgv.br/ojs/index.php/rap/article/view/74661/71503>. Acesso em: 30 nov. 2020.

Paralelamente a essas questões, é necessário destacar também a relevância dos processos de definição de agenda que não tem uma entrada pública. Eles podem ser excessivamente técnicos e não gerar capilaridade de discussão entre os cidadãos ou, ainda, originar-se de demandas específicas de grupos de interesse que têm acesso direto às agências do governo e são capazes de pautar temas sem maiores interferências, até mesmo, sem reconhecimento do público geral.

Sobre esse aspecto, é de particular importância a classificação realizada por Cobb e Elder (1971), em um dos primeiros estudos do campo a se concentrar justamente no processo de formação da agenda. Para os autores, há dois níveis de agenda pública: agenda sistêmica e agenda institucional. A **agenda sistêmica** congrega todos os temas que são comumente percebidos pelos membros da comunidade política como merecedores da atenção pública, de forma que todo município, estado ou comunidade política nacional tem uma agenda sistêmica. Contudo, esses problemas, socialmente construídos, passam pelo filtro dos tomadores de decisão, que priorizam determinados assuntos em detrimento de outros. Portanto, nem todos os problemas públicos tornam-se objeto de políticas públicas. A esse segundo nível dá-se o nome de *agenda institucional* ou *agenda formal*, na qual estão reunidos os itens explicitamente considerados, pelos decisores, como objetos de ação. Isso nos permite pensar sobre como os governos recebem as demandas e as processam de forma a produzir políticas públicas.

2.2 Formulação de políticas públicas

As questões reconhecidas como de maior importância alcançam a agenda e transformam-se em objeto de formulação de políticas públicas, esse momento corresponde à segunda etapa do ciclo da política pública. Nesse estágio são definidos os objetivos da política pública e a estratégia de intervenção sobre o problema, selecionada entre as diversas alternativas disponíveis.

Mas como esse processo ocorre? Você verá que, distante de uma etapa linearmente contínua, na etapa de formulação da política pública há revezes e transformações, inclusive na forma como o problema público é interpretado. Tal processo não envolve somente a análise técnica de soluções, mas também, e de forma preponderante, a solução de conflitos de interesse internos ao setor público e entre este e os atores da iniciativa privada e da sociedade civil.

Assim, a escolha da solução a ser adotada não é neutra, pois está permeada de complexidade, conflito e discricionariedade. Com fins didáticos, podemos desmembrar essa etapa em duas: (1) uma relacionada à formulação das alternativas de ação, que envolve, minimamente, uma avaliação preliminar de custos e benefícios, bem como do grau de aceitação na arena política; e (2) uma segunda relativa à tomada de decisão, na qual estão envolvidos os atores de maior influência no cenário político e na Administração Pública. Conforme pontua Frey (2000), os tomadores de decisão agem, em geral, com base em compromissos já negociados antecipadamente entre os principais atores políticos, sendo raros os casos em que a escolha ocorre efetivamente considerando-se várias alternativas de ação.

No âmbito real, essa divisão é difícil de ser identificada, já que políticas públicas nem sempre são formalizadas por meio de programas individualizados, isso quer dizer que os processos de formulação e tomada de decisão estão entremeados. Para compreender essas relações, uma série de modelos analíticos* foram desenvolvidos nas últimas décadas com o intuito de averiguar como as dinâmicas de construção de problemas públicos se relacionam com as dinâmicas de construção de soluções. Aqui surge uma questão que merece destaque: via de regra, os fluxos, as arenas e os atores envolvidos nas duas dinâmicas não são os mesmos (ainda que haja sombreamentos) e a produção de soluções possíveis para um problema emergem de maneiras e em tempos distintos.

Desse modo, essa condição levou a avanços no campo de estudos sobre políticas públicas, assim como favoreceu equipes de diferentes governos, buscando formatar técnicas e ferramentas de auxílio para uma tomada de decisão mais racional. A partir das décadas de 1970 e 1980, governos ocidentais de países do norte global adotaram procedimentos calcados em planejamentos de longo prazo, embasados na definição de objetivos claros, de metas com previsão orçamentária e de análises de custo-benefício. Tais experiências foram objeto de muitas críticas, pois dispunham de uma postura tecnocrática, concentrando-se na coleta e na análise de informações e desconsiderando a dimensão política fundamental desse processo: a resolução de conflitos internos ao governo e deste com os atores públicos e privados.

✦ ✦ ✦

* Os modelos de análise de políticas públicas serão abordados no Capítulo 3.

> Uma série de estudos no campo de políticas públicas se opuseram ao modelo racional de tomada de decisão. Em vez da seleção racional entre alternativas de políticas, o processo de tomada de decisão resulta da negociação entre diversos atores dentro do subsistema da política pública – o resultado é determinado pela constelação e pelo nível de poder dos interesses institucionais e substantivos dos atores envolvidos, bem como pelos processos de acordos partidários. (Werner; Wegrich, 2007, p. 49, tradução nossa)

Portanto, existe uma dupla dimensão na etapa de formulação da política pública. Há uma dimensão técnica, usualmente presente, relacionada a respostas produzidas para determinados problemas e a estudos técnicos de levantamento de custos e análise de viabilidade, baseados em procedimentos técnicos. É possível perceber que, mesmo nesse aspecto, não se trata de uma ciência neutra, mas de uma dimensão preliminar à definição das soluções propriamente ditas.

Assim, considerando que as possíveis respostas aos problemas têm sua origem em estudos técnicos, os quais, por vezes, já existem antes mesmo de uma condição tornar-se de fato um problema público, como explicar o processo de escolha governamental? Esse questionamento nos leva, de forma inevitável, à segunda e principal dimensão, que ocorre na arena política e envolve negociações e critérios que extrapolam a discussão técnica das soluções. Assim, podemos dizer que, da mesma forma que os problemas públicos são socialmente construídos, também o são as soluções.

Conforme pontua Capella (2018), a definição de alternativas constitui um instrumento supremo de poder e é resultante, em essência, de um processo inerentemente político. Assim, se a definição de um problema é, em alguma medida, um discurso crítico contra o governo (já que aponta para uma falta, carência ou conflito), a definição de uma solução pode ser entendida como um discurso de legitimação da ação governamental esperada.

Nesse sentido, um fenômeno muito interessante é o que Heinelt (2007) denomina *renomeação de temas* (em inglês, *issue relabelling*), no qual, ao dar um nome diferente a uma política pública, busca-se influenciar a percepção sobre os temas a ela relacionados, aumentando as chances de sua aceitação pública. Nas palavras do autor,

> Por exemplo, uma política regional que busca equalizar ou, ao menos, balancear desigualdades regionais e sociais é aparentemente redistributiva. Entretanto, de forma a diminuir controvérsias decorrentes dos efeitos redistributivos da política, a ênfase pode ser deslocada para medidas relacionadas que são de benefício geral. O desenvolvimento de infraestrutura, por exemplo, pode melhorar a acessibilidade de regiões no fluxo de troca de produtos ou na mobilidade de pessoas. (Heinelt, 2007, p. 110, tradução nossa)

Outro ponto importante da etapa da formulação é o **desenho das políticas públicas** e seus desdobramentos com base na definição dos **instrumentos** a serem adotados. Neste livro, partiremos da proposta de Howlett e Ramesh (2003), que conceituam o desenho de políticas como um processo sistemático de geração de estratégias e de delineamento efetivo da ação governamental diante de determinado problema, resultando em diferentes combinações de elementos de políticas públicas.

A respeito desses elementos, é fundamental compreender quais são os instrumentos ou as ferramentas de políticas públicas utilizadas; em outras palavras, é necessário conhecer as técnicas das quais os governos se apropriam para exercitar seu poder com vistas a garantir mudanças sociais.

Howlett e Ramesh (2003) partem de quatro grandes classes de instrumentos: (1) centralidade (*nodality*) dos governos no sistema social; (2) autoridade (*authority*), relacionada ao poder legalmente concedido aos governos; (3) tesouro (*treasure*), vinculado aos recursos financeiros de que os governos dispõem; e (4) organização (*organisation*), ligada à estrutura institucional para garantir ação governamental (Howlett; Ramesh, 2003). Para cada uma dessas classes, podemos relacionar diferentes instrumentos (Figura 2.5) que, por suas características, servem a distintos fins e, combinados, respondem a um desenho específico de política pública.

Figura 2.5 – *Instrumentos de políticas públicas*

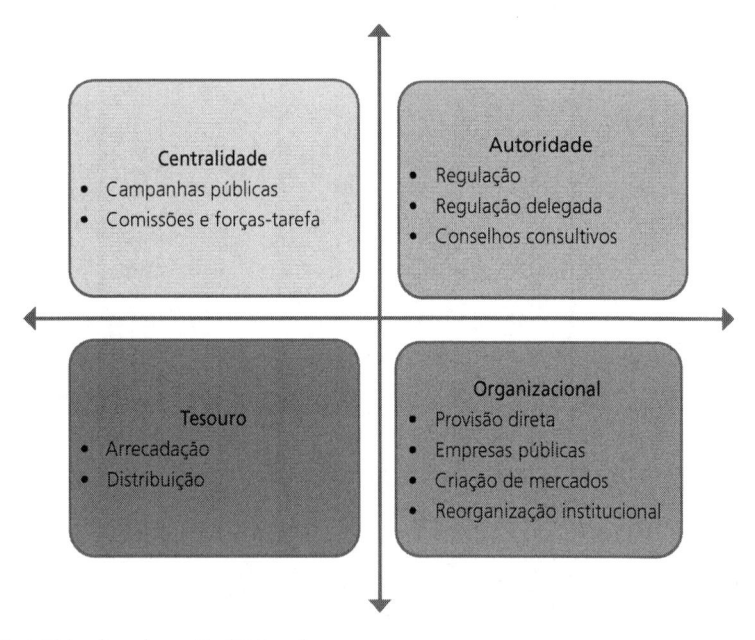

Centralidade	Autoridade
• Campanhas públicas • Comissões e forças-tarefa	• Regulação • Regulação delegada • Conselhos consultivos
Tesouro • Arrecadação • Distribuição	**Organizacional** • Provisão direta • Empresas públicas • Criação de mercados • Reorganização institucional

Fonte: Elaborado com base em Howlett; Ramesh, 2003.

Na dimensão da **centralidade**, está em evidência o acesso que o governo tem a informações relevantes e a capacidade decorrente de produzir impactos por meios não coercitivos. Assim, o governo pode realizar campanhas públicas sobre diferentes temas, promovendo conscientização (por exemplo, do combate à dengue), divulgação e esclarecimento à sociedade (por exemplo, sobre o orçamento participativo) ou, ainda, buscar resultados de maneira persuasiva, empregando uma forma de comunicação que vise explicitamente uma mudança de atitude (por exemplo, em campanhas contra o tabagismo). Nessa dimensão, a implementação é mais simples, menos custosa e não exige um grande esforço no caso de interrupção. Contudo, ao mesmo tempo, sua eficácia pode ser reduzida pelo caráter meramente informativo, além de insuficiente para alguns temas (como o uso de bebidas alcoólicas por motoristas) e de demandar um tempo maior de implementação para que surta o efeito desejado. Ainda vinculada à dimensão da centralidade, os governos podem utilizar suas estruturas burocráticas para compilar dados dispersos, criar comissões e forças-tarefas, influenciando, assim, os tomadores de decisão.

Na segunda dimensão, da **autoridade**, os instrumentos subdividem-se em três frentes que envolvem: (1) instrumentos de regulação – vinculados ao poder direto de estabelecer algo que deve ser cumprido, uma vez que o descumprimento gera penalização; (2) instrumentos de regulação delegada – relativos à delegação para que atores não governamentais se regulem; e (3) instrumentos de formação de conselhos consultivos.

Os **instrumentos de regulação** concretizam-se em forma de leis (por exemplo, o Código Penal) e regulamentações administrativas implantadas pela burocracia em seus diferentes níveis (como os procedimentos para obter o auxílio de seguro-desemprego). Como esses instrumentos estabelecem uma previsibilidade de atuação, eles contribuem com a coordenação governamental e tendem a produzir respostas mais rápidas perante a sociedade, embora também possam gerar efeitos indesejados, como excessiva regulamentação de atividades econômicas, excessiva uniformização, desconsiderando características particulares essenciais, e possibilidade de custo elevado, a depender da forma de execução da regulação estabelecida. Os **instrumentos de regulação delegada** expressam-se na permissão para que atores não governamentais se regulem, sendo as entidades de regulação profissional o exemplo mais emblemático. Por fim, os **instrumentos de formação de conselhos consultivos** consistem em outra ferramenta vinculada à dimensão da autoridade, a partir da qual os governos podem aproximar atores para o núcleo de produção de políticas públicas, garantindo sua participação na tomada de decisão. No Brasil, os conselhos gestores, presentes em uma série de políticas setoriais, exemplificam a adoção desse tipo de instrumento.

Na dimensão do **tesouro**, encontramos as ferramentas relacionadas à capacidade de arrecadação e distribuição de recursos do governo. No tocante à distribuição, a transferência de recursos busca incentivar determinadas ações, como os subsídios e incentivos fiscais. Por exemplo, a Zona Franca de Manaus, na condição de polo industrial, dispõe de uma política tributária diferenciada, com isenções e reduções de tributos federais e estaduais de forma a estimular a instalação de indústrias na região, constituindo, assim, um exemplo dessa ferramenta. Também podemos pensar no Programa Minha Casa Minha Vida, que oferece subsídios de forma a reduzir os custos de aquisição da moradia por família de menor renda. Apesar do baixo custo político de implantação, pois os custos financeiros são compartilhados por toda a sociedade, a despeito dos benefícios focalizados, sua adoção é permeada de competição entre diferentes grupos que procuram defender suas pautas de interesse. Já em termos de arrecadação, os instrumentos concretizam-se na forma de impostos e taxas e estão relacionados com o desestímulo de determinados comportamentos, como os impostos que incidem sobre os produtos eletrônicos que uma pessoa, ao retornar do exterior, traz consigo e que ultrapassam a cota máxima permitida.

Por fim, na dimensão **organizacional** estão os instrumentos vinculados à própria estrutura organizacional dos governos, que se efetiva por meio da provisão direta, de empresas públicas, da criação de mercados e de reorganizações institucionais. Na provisão direta se inserem ações diretas do Estado por meio da mobilização da estrutura burocrática nas diversas áreas, como no atendimento dos serviços de saúde pública. A centralização promovida pela prestação direta pode ser enxergada como um aspecto positivo, pois a estrutura já pertence ao governo, reduzindo, assim, as próprias estruturas de controle, mas também pode ser vista como um aspecto negativo em razão da intrínseca rigidez da estrutura burocrática, consumindo tempo e um grande número de instâncias e processos. Paralelamente, o governo, por meio de empresas públicas, também pode ofertar serviços não disponibilizados pelo setor privado, seja pelo alto custo, seja pela falta de interesse frente a expectativa de lucro.

Ao criar mercados, o governo se utiliza de recursos da organização do Estado como um instrumento para desenhar políticas públicas, sendo exemplos claros a concessão de licença às emissoras de televisão e rádio e a privatização de empresas públicas, sobretudo em áreas onde o Estado detém o monopólio. No que tange à privatização, podemos citar casos recentes como os aeroportos do país, em que a concessão do Estado à rede privada criou um mercado essencialmente monopolístico.

Portanto, por meio de reformas na organização do Estado, pode-se também operar instrumentos de políticas públicas, transformando as competências e relações entre os órgãos da Administração Pública, bem como o grau de autonomia de cada ente, por exemplo. Trata-se de alterações dispendiosas e de maior prazo de implementação, mas que resultam em mudanças substanciais.

Após compreendermos cada uma das dimensões, você pode estar se perguntando qual delas corresponde à escolha mais acertada ou fornece o melhor resultado no cenário atual. A resposta para essa pergunta varia conforme o tema específico em debate, o processo político de negociação e conflito, o contexto local, regional e nacional, entre outros aspectos. A escolha desses instrumentos está menos vinculada à efetividade e mais à influência ideológica, ao mimetismo e à própria trajetória histórica, que fazem com que diferentes campos apresentem suas tipologias "favoritas" de instrumentos e os utilizem de forma repetida, independentemente dos resultados obtidos frente ao problema público. Embora seja difícil prescrever tendências de combinação de instrumentos a serem adotados em cada política, bem como construir uma teoria única de como eles se interrelacionam, Ollaik e Medeiros (2011, p. 1.953) dão uma pista a partir da análise do caso brasileiro:

> Instrumentos legais são frequentemente acompanhados por sanções financeiras, enquanto instrumentos econômicos são ancorados em regulações legais. Um envolvimento contínuo da administração direta na implementação independentemente do instrumento escolhido ajuda a manter a interconectividade forte e permite e encoraja o contato entre os envolvidos na implementação (Bressers e O'Toole, 1998). Um governo que atribui grande papel ao Estado tende a preferir legislação como instrumento, enquanto um governo que atribui ao Estado um papel mais limitado prefere incentivos econômicos ou mudança na autoridade (delegação) (McDonnell e Elmore,1987:21). Portanto, esses instrumentos seriam escolhidos conforme o contexto institucional, a capacidade governamental, os recursos fiscais, o apoio político, a informação disponível e as escolhas passadas.

Em síntese, por meio da combinação de diferentes instrumentos e dimensões, conforma-se um caminho de ação para uma política pública, estrutura-se o processo e delimitam-se os possíveis resultados. Tais definições, independentemente de seus objetivos explícitos, congregam articulações de interesse frente aos recursos e aos atores que mobilizam e de que forma faz isso.

Tomemos como exemplo um caso hipotético da política de segurança pública, particularmente vinculada à gestão de presídios federais. Caso o governo opte por conceder à iniciativa privada a responsabilidade pela construção e pela gestão do complexo prisional, tem-se uma política de centralidade baixa, mas na qual os instrumentos de regulação são utilizados de forma intensa (legislando sobre competências, obrigatoriedades e sanções), uma vez que a reforma da organização do Estado desloca a gestão para fora da burocracia estatal e o faz com um custo distribuído em longo prazo. Ainda, se houver metas de qualidade com variações no valor a ser pago, temos também em curso instrumentos da dimensão do tesouro. Entretanto, se a política assumir a construção e a gestão de presídios diretamente pelo Poder Público, tem-se um instrumento de elevada centralidade, no qual se organiza um comitê gestor, sem a necessidade de regulamentações adicionais ou reformas de maior monta no aparelho do Estado, e utiliza-se da burocracia estatal para a implementação, mas possivelmente com um maior custo no curto prazo. Tendo isso em vista, reflita: Caso coubesse a você a decisão, qual delas tomaria?

Por esse viés, fica fácil entender por que a formulação de políticas públicas constitui um processo eminentemente político. A resposta invariavelmente envolve uma decisão que relaciona valores, crenças e parâmetros subjetivos, como a visão particular sobre o papel do Estado, a eficiência (ou não) dos mercados etc. Ao trazer uma camada adicional de complexidade e afirmar que esse processo decisório não ocorre no vácuo, mas em uma arena política conflituosa, é possível perceber o caleidoscópio de variáveis envolvidas na temática sobre políticas públicas. Reconhecer essa dimensão política do processo é fundamental para poder atuar como analista, gestor público ou membro de sua comunidade no processo de produção de políticas públicas.

2.3 Implementação de políticas públicas

A etapa de implementação corresponde àquela na qual as instituições ou as organizações responsáveis, geralmente públicas (mas não necessariamente), executam uma política pública. No plano ideal, essa fase envolve a especificação dos detalhes do programa, a alocação de recursos e a tomada de decisões complementares e específicas.

Considerando-se as etapas de definição da agenda e de produção de uma política pública, a primeira leitura que pode ser feita é que tratar de implementação significa apenas abordar procedimentos técnicos a serem adotados, mas, na realidade, não é bem assim. A tomada de decisão e a produção de um programa não garantem que a ação seguirá estritamente as diretrizes e os objetivos de quem elaborou a política pública (*policy makers*). A etapa de implementação é crítica tanto em sua dimensão política quanto administrativa, pois declarações de intenções, programas e normas legais não garantem, por si só, uma ação integralmente controlada. Por vezes, as intenções originais são alteradas ou distorcidas, a execução é postergada ou mesmo impedida, gerando déficits de implementação (Frey, 2000; Werner; Wegrich, 2007).

Pautando-se o espaço existente entre a intenção governamental em fazer algo e o impacto final sobre a realidade, enxergamos os conflitos e as interações entre os atores envolvidos. Assim, a implementação não pode ser concebida como um contínuo de etapas, mas como algo que **transforma** a política pública (Pressman; Wildavsky, 1973), tendo em vista a necessária mediação entre diferentes atores e grupos de interesse, diante de um processo contínuo de negociação e no qual estão em jogo recursos limitados (cognitivos, financeiros, políticos e de tempo). Os primeiros estudos voltados a esse tema adotavam uma perspectiva "de cima para baixo" (*top-down*), concentrando-se no fluxo do processo a partir de uma hierarquia de governança, centralizada, eminentemente, em discutir os problemas de coordenação intra e intraorganizacional e de interação com o grupo-alvo. Esse primeiro momento contribuiu para a compreensão da variação dos limites impostos conforme o tipo de instrumento adotado, visto que diferentes instrumentos estão sujeitos a diferentes tipos de problemas de implementação. Posteriormente, os estudos passaram a questionar as leituras realizadas com base em uma cadeia hierárquica de ações, adotanto uma perspectiva "de baixo para cima" (*bottom-up*). Na sequência, a terceira geração de estudos passou a articular as duas perspectivas em uma leitura sistêmica (Werner; Wegrich, 2007).

Nesse contexto, ganhou destaque o papel das agências responsáveis pela implementação, bem como dos atores a ela vinculados e do ambiente de implementação como um todo, ou seja, já não se pensa unicamente em uma política específica, mas no conjunto de diferentes atores e programas que interagem entre si, por vezes de forma contraditória ou concorrencial. Logo, os padrões de interação entre sociedade e Estado adquirem protagonismo sob uma ótica menos hierarquizada, na qual os debates passam a focalizar as redes de políticas públicas (*policy networks*) e os modelos de coordenação negociados. Com isso, há autores que, inclusive, questionam o próprio ciclo da política pública como modelo explicativo, advogando que as diversas etapas de diferentes problemas públicos estão entremeadas em tal intensidade que separá-las em estágios mostra-se insuficiente.

A despeito dessas discussões, um desafio duplo é outorgado aos tomadores de decisão ou gestores de políticas públicas, pois, de um lado, há uma dimensão de gestão técnica e, de outro, uma dimensão vinculada ao contínuo da ação política, da permanente negociação. Um processo adequado de implementação deve considerar essas duas dimensões e atuar sobre ambas, com vistas a alcançar as diretrizes delineadas. Articulando essas dimensões ao espectro discutido por Yanow (1990), é possível estabelecer um mapeamento das diversas frentes de trabalho que permanecem em nosso radar de atuação (Figura 2.6).

Figura 2.6 – Dimensões críticas do processo de implementação

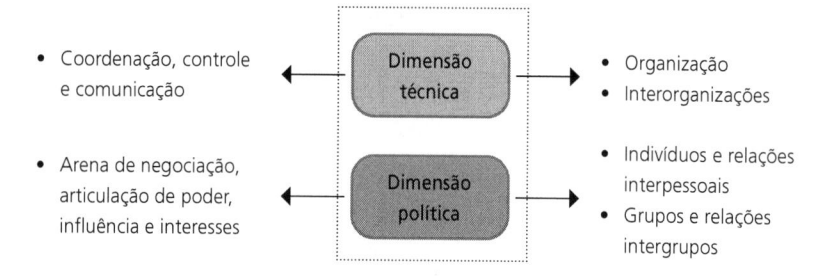

- Coordenação, controle e comunicação ⟷ **Dimensão técnica** ⟶
  - Organização
  - Interorganizações

- Arena de negociação, articulação de poder, influência e interesses ⟷ **Dimensão política** ⟶
  - Indivíduos e relações interpessoais
  - Grupos e relações intergrupos

No contexto atual, as atividades de controle, próprias da gestão direta do Estado, tornam-se menos presentes em favor do aumento das atividades de coordenação. Nos modelos contemporâneos de governança, a negociação e a persuasão de atores e grupos envolvidos são fundamentais, articulando atores públicos, privados e da sociedade civil. Essa forma de pensar a implementação da política pública, como bem lembra Yanow (1990), implica o abandono da tradicional (e simplista) visão de "sucesso" a partir do alcance de resultados originalmente planejados.

Em um cenário no qual o Estado somente dispõe de autonomia relativa e os atores da sociedade civil e da iniciativa privada desempenham papel relevante na formulação e na implementação de políticas públicas, deve-se buscar uma constante pactuação, sabendo-se, de antemão, que pode haver alterações de curso nesse caminho. Mas, considerando-se esse cenário complexo de implementação e a fim de alcançar resultados concretos, como podemos orientar e planejar nossa ação em face dos desafios?

O modelo desenvolvido por Matland (1995) busca sintetizar as abordagens *top-down* e *bottom-up* e auxilia na realização de um primeiro mapeamento das demandas centrais de cada caso. Para o autor, o sucesso ou o fracasso da implementação de políticas públicas dispõe de dois fatores fundamentais: (1) grau de ambiguidade, relacionado à (falta de) clareza de objetivos e aos meios de uma política pública; e (2) grau de conflito, relacionado a divergências de interesses entre os diversos atores.

Esses fatores, segundo o autor, influenciam-se mutuamente, e a correlação de graus de ambiguidade e de conflito condiciona possíveis estratégias de implementação. A Figura 2.7 demonstra o resultado de cada uma dessas combinações, ensejando *insights* de atuação em situações reais e com as quais você pode ter de lidar no futuro.

Figura 2.7 – Modelo de análise de implementação segundo categorias de Matland (1995)

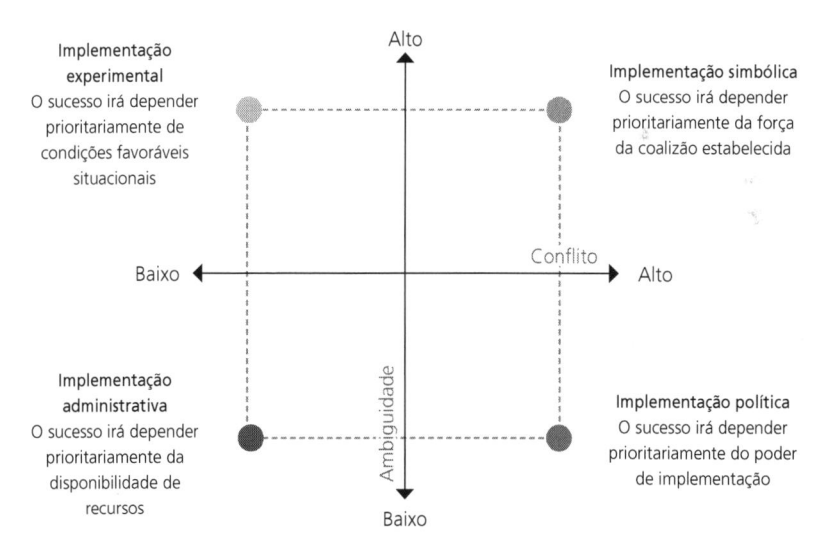

	Conflito Baixo	Conflito Alto
Ambiguidade Alto	Implementação experimental — O sucesso irá depender prioritariamente de condições favoráveis situacionais	Implementação simbólica — O sucesso irá depender prioritariamente da força da coalizão estabelecida
Ambiguidade Baixo	Implementação administrativa — O sucesso irá depender prioritariamente da disponibilidade de recursos	Implementação política — O sucesso irá depender prioritariamente do poder de implementação

Fonte: Elaborado com base em Matland, 1995.

Assim, por exemplo, quando o nível de conflito é baixo, mas a ambiguidade é alta, a implementação é caracterizada como experimental e dependerá de condições favoráveis situacionais. Já no caso de baixos níveis de conflito e de ambiguidade, a implementação é caracterizada como administrativa e será bem-sucedida se os recursos necessários estiverem disponíveis.

Quanto à disponibilidade de recursos, um ponto deve ser ressaltado. Conforme ratifica uma série de estudos, a restrição de recursos influencia de forma crucial a burocracia de contato direto com a sociedade. Para lidar com limites crônicos de tempo e de outros recursos, a burocracia do nível de rua racionaliza objetivos programáticos e processos (Lipsky, 2019), atuando de forma discricionária na provisão de serviços. O esforço para lidar com as limitações de tempo, bem como de outros recursos, também leva a inconsistências e a um "particularismo" no tratamento de demandas similares ou, até mesmo, a tratamentos padronizados para demandas (ou cidadãos) com necessidades diferentes (Meyers; Nielsen, 2012).

Retomando a discussão sobre o modelo de Matland (1995), a clareza nos objetivos é uma variável importante para a perspectiva *top-down*, já que a ausência de clareza pode levar a problemas de compreensão e incertezas entre os atores envolvidos, e isso não apenas em instâncias burocráticas de implementação, mas também com relação aos atores externos ao Estado, que conformam a arena política. Essa visão é compartilhada por Pressman e Wildavsky (1973), para quem uma maior ambiguidade implica um deslocamento interpretativo dos responsáveis pela implementação da política pública, o que pode significar o desvirtuamento das intenções concebidas previamente. E, como ressaltam Meyers e Nielsen (2012), os funcionários públicos da "linha de frente", ou seja, que atuam no atendimento direto ao público, ao se depararem com um alto grau de discricionariedade, correm o risco de tomar decisões que respondam mais aos seus próprios valores, crenças e ideologias ou, ainda, que contribuam para a gestão de suas cargas de trabalho, em desfavor dos objetivos formulados inicialmente para determinada política pública.

É importante lembrar que essa discussão enseja certo grau de abstração, isto é, há uma tentativa de entender a realidade de acordo com certas tipologias ideais. Contudo, a dimensão real da gestão de políticas públicas revela que dificilmente são encontradas políticas públicas que não tenham algum grau de ambiguidade, em maior ou menor monta. Raros são os casos nos quais uma política é concebida de forma centralizada, por um único ator agindo racionalmente. Há, assim, uma dimensão inevitavelmente ambígua, sobretudo nas políticas públicas em que os conflitos políticos e a complexidade do tema são elevados, uma vez que essas políticas devem responder a múltiplos grupos de interesse e sua implementação depende de um conjunto de estruturas e processos imbricados, de riscos potenciais (e de difícil mensuração) e, ainda, de incertezas frente ao próprio contexto social e político.

Portanto, a implementação de políticas públicas desenvolve-se justamente sobre esse processo, a partir de atividades capilares, de natureza ambígua, incerta e complexa. Conceber as diferentes dimensões envoltas nesse tema permite que tenhamos melhores condições de nos antecipar e de planejar uma ação estruturada, seja como gestor de políticas públicas, seja como analista, seja como cidadão.

2.4 Avaliação de políticas públicas

A construção de uma política pública parte da premissa que um problema público demanda intervenção. Assim, como estamos tratando essencialmente de "resolver problemas", a etapa de avaliação é fundamental, permitindo verificar os resultados alcançados e os motivos relacionados a uma eventual disfuncionalidade de implementação.

Sob um ponto de vista tradicional, normativo, podemos entender essa etapa como a responsável por confrontar os impactos inicialmente pretendidos e aqueles efetivamente obtidos, articulando-os aos motivos geradores de eventuais distorções. De fato, a avaliação da política engloba um processo, determinado no tempo, ao final de um ciclo específico. Mas será que é só isso? Na realidade, a avaliação transcende essa leitura e não se limita a uma etapa conclusiva do ciclo. Ao perpassar por diferentes momentos do ciclo da política pública, a avaliação constitui uma atividade regular e vinculante ao processo político. O entendimento é de que a política pública não se produz no vácuo, mas percorre um caminho acumulado de experiências e abordagens, nas quais usualmente o final de um ciclo é claramente identificável.

Pensemos, por exemplo, na saúde como política pública. Há um contínuo de leis, programas e ações públicas que conformam esse *corpus* que denominamos *políticas públicas de saúde*. Sob a perspectiva de uma leitura abrangente, você conseguiria identificar o ponto no qual um ciclo se encerra e a partir do qual pode realizar uma avaliação conclusiva, que, porventura, possa alterar todo o curso da atuação pública? Esse é um exemplo de como o *policy cycle*, ainda que muito pertinente na organização conceitual e no auxílio ao entendimento da produção das políticas públicas, deve ser estudado considerando-se com ressalva sua abstração, ou seja, de forma a não aderir a uma simplificação como se fosse inerente do próprio modelo.

Nas situações reais, por vezes, as avaliações são realizadas de forma simultânea ao final de gestões de governo, que não necessariamente coincidem com o final do ciclo de cada uma das políticas.

Essas avaliações são efetivadas de forma independente por grupos políticos de oposição, com o objetivo de subsidiar sua plataforma, bem como por grupos externos à arena política, atuando na dimensão do controle social.

Para auxiliar na compreensão dessa característica intrínseca ao processo avaliativo, podemos adotar como exemplo o referencial orientativo desenvolvido pelo Instituto de Pesquisa Econômica Aplicada (Ipea, 2018a; 2018b), a fim de fornecer apoio ao governo federal e em consonância ao Decreto n. 9.203, de 22 de novembro de 2017, que trata da política de governança da Administração Pública federal. Para fins de classificação, o órgão divide as avaliações em: (a) *ex-ante* e *ex-post*, delimitando seu momento de realização, se durante o processo de formação da agenda e formulação da política pública ou se ocorrida após determinados ciclos; e (b) *somativas* e *formativas*, definindo seu escopo, se voltadas ao aperfeiçoamento de uma política (durante o curso de implementação) ou à tomada de decisão sobre sua adoção, expansão ou encerramento.

Na Figura 2.8, a seguir, estão relacionadas as formas de avaliação *ex-post*, de interesse particular para esta seção do livro. É importante destacar que o exemplo fornecido é apenas orientativo e foi desenvolvido pelo Ipea em um contexto específico para embasar a atuação dos órgãos federais. Em outras palavras, esse exemplo não serve como um modelo ideal, mas apenas ilustra as formas pelas quais o processo avaliativo pode transcorrer. Diante do exposto, destacamos também que o exemplo apresenta uma característica inevitavelmente instrumental (pois volta-se para aplicação direta dos órgãos da Administração direta) e enseja outras reflexões que serão desenvolvidas na sequência.

Figura 2.8 – Diagrama de avaliação ex-post

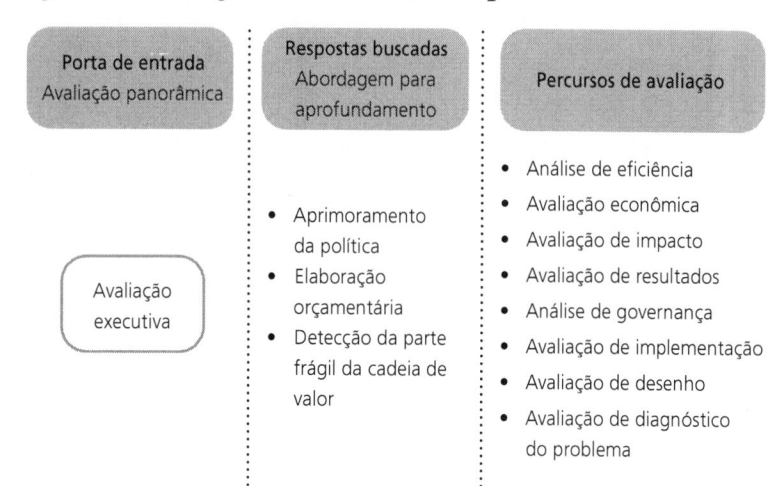

Porta de entrada Avaliação panorâmica	Respostas buscadas Abordagem para aprofundamento	Percursos de avaliação
Avaliação executiva	• Aprimoramento da política • Elaboração orçamentária • Detecção da parte frágil da cadeia de valor	• Análise de eficiência • Avaliação econômica • Avaliação de impacto • Avaliação de resultados • Análise de governança • Avaliação de implementação • Avaliação de desenho • Avaliação de diagnóstico do problema

Fonte: Elaborado com base em Ipea, 2018b.

A avaliação inicia-se com o que se denominou *avaliação executiva*, abordagem global que pretende ser exequível rapidamente e busca identificar os elementos nos quais há maior chance ou demanda de aprimoramento. A partir desses resultados, são selecionados os caminhos avaliativos a serem adotados para cada política em específico, aprofundando-se em determinados componentes. Um dos caminhos possíveis é justamente a avaliação do diagnóstico do problema e do desenho da política, pois, com o passar do tempo, é possível que tenha havido transformações na forma de compreensão do problema público ou da solução adotada (que, lembre-se, são socialmente construídos em uma arena de disputa de interesses entre diferentes atores e, portanto, sujeitas a revisões).

Podemos encontrar na literatura diversas formas de organização do processo avaliativo. Uma alternativa comumente adotada foca na mensuração de três frentes: a efetividade, a eficiência e a eficácia de determinada política. Para cada uma delas são desenvolvidos indicadores específicos de checagem. Agora, você sabe a diferença entre essas dimensões?

Apesar de parecer sinônimas, cada qual guarda uma relação específica com a realidade. A **eficiência** trata do uso adequado de recursos para determinado fim ou produto. Assim, em sua avaliação, busca-se identificar o nível de resultados alcançados frente aos recursos despendidos para sua implementação, tanto no âmbito do Estado quanto com relação aos custos impostos à sociedade. A **eficácia** está relacionada à entrega dos produtos ou ao alcance dos objetivos dentro do prazo previsto, vincula-se, portanto, às metas e aos métodos de implementação. De uma perspectiva mais ampla, a **efetividade** está atrelada ao alcance dos resultados substanciais de uma política e ao prazo necessário para tanto.

Contribuindo com o tema, Werner e Wegrich (2007) destacam que as avaliações estão expostas à lógica dos processos políticos e do "jogo de empurra-empurra" sobre a responsabilidade em caso de falhas (*blame game*), que podem ser materializadas de duas formas: (1) falha de objetivos e diretrizes nas políticas públicas que, por vezes, são deliberadamente realizadas pelos governos, a fim de evitar metas muito precisas, que podem ser utilizadas no jogo político para expor erros de gestão; (2) referente a um elemento subjetivo do processo, de natureza intrínseca da própria dinâmica avaliativa, e que é fortemente influenciado pela posição, pelos valores e pelos interesses dos diferentes tipos de atores. Nesse contexto, a "busca por culpados" para justificar baixas *performances* das políticas públicas é parte do próprio jogo político, na mesma medida do discurso de sucesso do grupo político à frente do governo.

Independentemente do tipo de processo avaliativo, ao final, os resultados obtidos apontam para a continuidade, a alteração ou o término* da política em questão. Segundo Parada (2006a)

✦ ✦ ✦

* Segundo Parada (2006a) e Dye (2009), as políticas raramente são extintas, sendo recorrente sua alteração ou combinação. Aquelas com espectro temporal claramente delimitados são exceção e deixam de existir somente após seu término, conforme já previsto em sua origem.

e Dye (2009), dificilmente alguma política é anulada. A extinção, quando não prevista em seu desenho, vincula-se muito menos à resolução do problema ou à sua ineficácia e muito mais ao corte de recursos orçamentários, às janelas de oportunidade e às mudanças de governo.

> **Consultando a legislação**
>
> ♦ Decreto n. 9.203/2017, que dispõe sobre a política de governança da Administração Pública federal direta, autárquica e fundacional.

Síntese

Ao longo deste capítulo exploramos o processo de formulação e gestão de políticas públicas, estruturando nossa leitura a partir da perspectiva do *policy cycle*. Esse modelo heurístico, ainda que exija certo grau de abstração teórica em vista da separação em fases estanques, permite compreender as principais etapas desse processo e, mais do que isso, organizar, em uma sequência ordenada, a complexidade de elementos de reflexão.

Na primeira etapa, vimos como ocorre a formação da agenda pública, e que um problema público é construído essencialmente a partir de uma interação social, e normalmente conflituosa, entre diversos atores. Os problemas públicos são inevitavelmente complexos, imbricados em uma rede de temas interdependentes e, geralmente, extrapolam a dimensão técnica de análise. Assim, cabe ao conjunto de atores responsáveis pela produção de uma política pública (*policy maker*) fomentar o desenho de árvore de problemas, na qual, de forma coletiva e participativa, pactua-se o espectro de atuação possível em determinada questão.

Na etapa seguinte, de formulação, são definidos os objetivos e as estratégias de intervenção. Da mesma forma que na etapa anterior, ainda que os conhecimentos e dados técnicos sejam utilizados como apoio, o protagonismo recai sobre a negociação política e sobre a arena de construção de soluções que, lembre-se, não necessariamente é a mesma que formulou o problema público. Devemos atentar também para o desenho das políticas e os instrumentos adotados, uma vez que eles estabelecem a forma de atuação do Estado, seus limites e suas possibilidades, bem como apontam para suas eventuais fragilidades. Essas definições, independentemente de seus objetivos explícitos, congregam articulações de interesse que respondem quais recursos serão mobilizados, por quais atores e de que forma.

Concluída a formulação, a etapa seguinte consiste em implementar a política pública. Partindo de uma concepção ideal, essa fase envolve a especificação dos detalhes do programa, a alocação de recursos e a tomada de decisões complementares. Entretanto, diante das características contingentes da realidade, a própria implantação transforma a política pública, desconstruindo a visão tradicional de que o "sucesso" ocorre por meio do alcance de todos os resultados originalmente planejados. Em um cenário no qual o Estado somente dispõe de autonomia relativa e os atores da sociedade civil e da iniciativa privada desempenham papel relevante na formulação e na implementação de políticas públicas, é fundamental a busca por uma pactuação constante, sabendo-se, de antemão, que pode haver alterações de curso desse caminho.

Tais resultados são avaliados na última etapa do *policy cycle*, confrontando os impactos projetados com aqueles obtidos e articulando esses dados aos possíveis motivos geradores de desvios de rota ou distorções. Independentemente do tipo de processo avaliativo, ao final, os resultados apontam para a continuidade, o redesenho ou o término da política pública, reiniciando, assim, novos ciclos.

Com o conjunto instrumental fornecido por esse arcabouço analítico é possível organizar o pensamento sobre o tema da gestão de políticas públicas, o que contribui para o exercício profissional, seja como analista, seja como ator envolvido no processo de determinada política pública.

Questões para revisão

1. (Seplag-RJ – 2013 – Ceperj) A fase da política pública em que uma situação qualquer é reconhecida como um problema político e sua discussão passa a integrar as atividades de um grupo de autoridades denomina-se:
   a. tomada de decisão.
   b. implementação de ações.
   c. formação de agenda.
   d. monitoramento ambiental.
   e. planejamento de políticas.

2. (Abin – 2018 – Cespe/Cebraspe) A respeito da formulação, da análise e da avaliação de políticas públicas, julgue o item que segue.
   O ciclo de políticas públicas, organizado em fases sequenciais e interdependentes, reflete, na maior parte dos casos, a dinâmica real dessas políticas.
   ( ) Certo
   ( ) Errado

3. Considerando as quatro dimensões de instrumentos de políticas públicas elaboradas por Howlett e Ramesh (2003), leia descrição a seguir.

> Na dimensão da _____ está em evidência o acesso do governo a informações relevantes, bem como sua capacidade de produzir impactos por meios não coercitivos. Assim, o governo pode realizar campanhas públicas sobre diferentes temas a fim de promover a conscientização ou, ainda, adotar formas persuasivas, por exemplo, uma ação comunicativa que vise mudanças de atitude.

Assinale a alternativa que corresponde à palavra correta para o preenchimento da lacuna no texto:
a. centralidade (*nodality*).
b. autoridade (*authority*).
c. tesouro (*treasure*).
d. organização (*organisation*).
e. nenhuma das alternativas.

4. Quanto à formação da agenda pública, o modelo de ciclo de atenção, de Anthony Downs (1972), apesar de ter sido elaborado na década de 1970, ainda permanece em discussão até os dias atuais. Considerando-se os cinco momentos desse ciclo, descreva a etapa de pós-problema e seus impactos sobre a formulação de políticas públicas.

5. A ausência de clareza na definição das diretrizes e estratégias de uma política pública aumenta o grau de influência da burocracia, responsável pela sua implementação. Tendo isso em vista, quais são os principais impactos e de que forma eles podem alterar os resultados planejados de uma política pública?

Questão para reflexão

1. Entre a intenção governamental em fazer algo e o impacto final alcançado, há um grande espaço, permeado de conflitos e interações entre diversos atores. Diante desse cenário, a implementação não pode ser vista como uma mera etapa, mas de fato como algo que transforma a política pública. Sob essa perspectiva, imagine-se na seguinte situação: você acaba de assumir a posição de gestor público municipal, responsável pela Secretaria de Cultura, e cabe a você a implementação de uma política pública local voltada à promoção de

uma série de eventos locais de natal, para a qual houve grande resistência contrária da população em razão dos altos custos envolvidos. Em sua opinião, quais seriam as estratégias mais adequadas a se adotar e com qual fim? Qual seria o desfecho desse processo mediante os instrumentos selecionados?

capítulo três

Análise de políticas públicas

Conteúdos do capítulo:

- O campo da *policy analysis*.
- Modelos teóricos e sua aplicabilidade.
- Principais modelos de análise de políticas públicas.

Após o estudo deste capítulo, você será capaz de:

1. compreender os principais modelos de análise de políticas públicas;
2. utilizar seus pressupostos para analisar casos práticos;
3. auxiliar no processo de formulação e gestão de políticas públicas.

Neste capítulo, aprofundaremos o debate na área de análise de políticas públicas (*policy analysis*), campo que se concentra em investigar "o que os governos fazem, porque fazem e qual diferença isto faz" (Dye, 2009, p. 4, tradução nossa). Dessa investigação, obtém-se não apenas uma descrição das políticas – que por si só já contribui para o aprendizado de experiências em diferentes níveis, temas e contextos –, mas também aportes robustos para averiguar as causas e determinantes de formação de agenda, de formulação e implementação de políticas públicas, as consequências e os impactos de diferentes modelos, bem como fornece subsídios para melhor compreender a influência de diferentes tipos de desenhos, instrumentos e formatos de interação.

Para tanto, utilizamo-nos de modelos teóricos de base, que correspondem a abstrações do mundo real e da vida política, com o intuito de simplificar e entender os elementos fundamentais de uma política pública. Tais modelos explicativos permitem compreender o processo de formulação de políticas públicas, fornecendo evidências sobre os motivos pelos quais as decisões públicas e seus resultados se alteram, variam entre diferentes áreas e impactam de forma diferenciada seu público alvo (John, 2003; Souza, 2006; Dye, 2009; Sabatier, 1999).

Na literatura, é possível encontrar uma série de modelos de base, que se distinguem segundo seus pressupostos básicos, resultando em diferentes conjuntos de sistemas analíticos da ação humana, a partir do qual é possível identificar, dentro da complexidade social, relações decorrentes de um fenômeno específico. Dito de outra forma, a depender da orientação concebida, o processo político aparece sob determinada perspectiva ou segundo uma categoria específica.

Neste livro, partiremos de uma visão não positivista do processo político, ou seja, que refuta a ideia de que as escolhas políticas são decisões racionais baseadas em uma análise direta de custos e benefícios. Antes de avançarmos, porém, precisamos compreender melhor as implicações dessa abordagem, bem como seu contexto histórico.

Essa perspectiva remonta à década de 1950, quando Simon (1957) introduz a ideia de racionalidade limitada, segundo a qual os produtores de políticas públicas têm capacidade reduzida para elencar alternativas e calcular custos e benefícios envolvidos, realizando suas escolhas em um ambiente com volume restrito de informação, tempo, recursos financeiros e organizacionais, devendo, ainda, lidar com suas limitações cognitivas e seus interesses próprios. Embora tenha rompido com a teoria da escolha racional, Simon advogava que a limitação da racionalidade poderia ser minimizada pelo conhecimento racional.

Na esteira desse processo, Easton (1965) descontrói a ideia de fases do ciclo decisório, defendendo uma visão sistêmica que transborda a leitura linear de etapas. De acordo com essa perspectiva, Lindblom (1959) formula uma leitura incrementalista da política pública, a partir da qual as políticas públicas passam a ser vistas como o resultado de escolha de uma alternativa viável em um cenário permeado por relações de poder. Assim, na realidade, não há escolhas puras, em tal medida que as mudanças ocorrem, geralmente, de forma gradual, permeadas por transformações menores.

Os modelos teóricos posteriores passam a dar importância crescente ao papel do conhecimento e das ideias na produção de políticas públicas, bem como à interação entre diferentes grupos de interesse, que, imersos em determinado contexto social, têm relação direta com os resultados alcançados. Essas abordagens, que não conformam uma escola de pensamento único, mas compartilham uma crítica à visão positivista do campo de políticas públicas, são reunidas, a partir da década de 1990, em torno do que se convencionou denominar *abordagem pós-positivista*.

Segundo Howlett, Rameshm e Perl (2013, p. 31-33),

> O pós-positivismo e a respectiva "mudança argumentativa" na política pública surgiram no início da década de 1990, depois de uma insatisfação generalizada com a orientação tecnocrática que a disciplina havia tomado nas décadas anteriores com base nas máximas ortodoxas da economia do bem-estar "positivista". [...] Os pós-positivistas formam um grupo discrepante de estudiosos unidos principalmente pelo propósito comum de produzir uma análise política utilizável, com base na análise social e política de problemas públicos e de processos e resultados da *policy-making*. [...] Não existe uma fórmula estabelecida para a análise pós-positivista, porque essa corrente não representa uma teoria formal. Ao contrário, é mais apropriado descrevê-la como uma "orientação" cujos proponentes estão unidos por várias crenças centrais compartilhadas. Eles partem do pressuposto de que não existe entendimento "objetivo" ou inquestionável único dos problemas e soluções políticas, como reivindicam os positivistas.

Dessa forma, a discussão feita neste livro assume uma abordagem contemporânea, embasada em um cenário em que o tomador de decisão não tem pleno domínio dos efeitos de cada ato decisório, pois está sob influência de seus valores e suas ideologias, o que restringe o número de alternativas prováveis a serem escolhidas. Ademais, o processo democrático de construção e de implementação das políticas públicas impõe a necessidade de constantes negociação e pactuação entre múltiplos atores, de diferentes escalas e setores, impactando as decisões tomadas e deslocando parte da atenção ao processo dialógico.

Diante do exposto, conseguimos perceber que não se trata de maximizar benefícios e reduzir custos, mas de atender a critérios e condições possíveis naquele dado momento. A possibilidade, nesse caso, não é apenas uma contingência de recursos, mas envolve também a interação entre interesses particulares e outros decorrentes dos processos de conflito e negociação em uma arena política. Como consequência, sem desvalorizar a pertinência do planejamento técnico-racional, avulta a ideia de **racionalidade limitada dos gestores públicos** como elemento substancial nas discussões sobre *performance* governamental.

> *Para saber mais*
>
> Caso deseje aprofundar os estudos sobre os modelos de análise de políticas públicas, recomendamos a leitura da recente publicação de Wil Thissen e Warren Walker, que discutem amplamente o tema.
> THISSEN, W. A. H.; WALKER, W. E. **Public Policy Analysis: New Developments**. Boston: Springer, 2013.

Tendo em vista a impossibilidade de analisarmos todos os modelos existentes, selecionamos, neste livro, os quatro mais utilizados no cenário contemporâneo para investigar as políticas públicas, em diferentes países e sob diferentes contextos. Com base neles, será possível explicar as variadas concepções de organização do processo político e suas consequências na forma de enxergar a produção de políticas públicas. Com esses elementos, você será capaz de formatar seu próprio modelo analítico, adequado ao fim e ao contexto para o qual se faz necessário.

3.1 Modelo da lata de lixo

No conjunto analítico já mencionado, o modelo da lata de lixo (*garbage can*) parte de uma visão menos estruturada e determinística do processo de produção de políticas públicas. As decisões públicas, distantes de serem previsíveis, refletem a quase acidental confluência dos fluxos de problemas, alternativas, oportunidades e atores.

Formulado por Cohen, March e Olsen (1972) na década de 1970, esse modelo advoga que as escolhas públicas são realizadas como se estas estivessem em uma "lata de lixo". Dessa forma, as decisões respondem às soluções disponíveis naquele momento para os tomadores de decisão (*policy makers*), que têm acesso limitado a informações e atuam em ambientes (instituições públicas) caracterizados por processos decisórios de natureza complexa e simbólica.

> Uma organização é uma reunião de escolhas procurando por problemas, temas e percepções buscando por situações de decisão nas quais eles podem ser alocados, soluções procurando por temas para os quais eles são a resposta, tomadores de decisão procurando por trabalho [...]. Ainda que seja conveniente imaginar que oportunidades de escolha levem primeiro à criação de alternativas de decisão, que são seguidas do exame de suas consequências, e então da avaliação objetivo de seus impactos e, finalmente, a uma decisão, esse tipo de modelo, via de regra, é uma descrição pobre do que realmente ocorre. No modelo da lata de lixo, de outro lado, a decisão é um resultado ou uma interpretação de diversos fluxos relativamente independentes dentro da organização. A atenção é direcionada aqui à interrelação entre esses quatro fluxos [problemas, soluções, participantes e oportunidades de escolha]. (Cohen; March; Olsen, 1972, p. 2-3, tradução nossa)

Nesse contexto, o sucesso das políticas públicas está condicionado à combinação de quatro fluxos – (1) fluxo de problemas (*problems*), (2) fluxo de soluções (*solutions*), (3) fluxo de interesse dos decisores políticos (*participants*) e (4) fluxo de oportunidade de escolha (*choice opportunitie*) –, que, articulados, geram as condições necessárias para a tomada de decisão. O Quadro 3.1, a seguir, organiza a definição de cada um desses fluxos e mostra que, além do título (por exemplo, soluções), há uma compreensão não positivista sobre a forma pela qual esses fluxos são produzidos.

Quadro 3.1 – Fluxos de produção da política pública

Fluxos	Descrição
Problemas	Os problemas correspondem a preocupações particulares, de dentro e fora da esfera pública. Eles podem emergir de questões de diferentes espectros, desde percepções individuais, decorrentes da atividade profissional, de relações entre atores ou mesmo produzidos pela mídia.
Soluções	A solução é essencialmente produzida por alguém. Geralmente, esse produto não é apenas uma solução para um problema, mas sim uma resposta procurando por uma pergunta. Assim, a criação de uma demanda tem grande importância não apenas como fato isolado, mas como ação recorrente. Apesar de existir um ditado que preconiza que não é possível encontrar uma resposta sem que se tenha formulado adequadamente uma pergunta, você não saberá precisamente a pergunta que motivou uma resolução de problema na instituição antes que você tenha a própria resposta.
Participantes	Os participantes entram e saem do processo dependendo das características das escolhas a serem feitas. Uma variação substancial de participantes também está relacionada às exigências de tempo e dedicação para participação. Essa variável tem importância preponderante em relação a outras características do processo decisório em análise.

(continua)

(Quadro 3.1 – conclusão)

Fluxos	Descrição
Oportunidade de escolha	Há ocasiões específicas nas quais se espera que as organizações produzam comportamentos, ou seja, façam escolhas. Essas situações emergem frequentemente a depender de cada organização, como na assinatura de contratos, na contratação ou demissão de funcionários, em gastos significativos de dinheiro e quando se deve distribuir responsabilidade em um processo.

Fonte: Elaborado com base em Cohen; March; Olsen, 1972.

Pensando nas implicações desse modelo para a prática da gestão pública, podemos destacar a importância que ele concede ao processo de tomada de decisão. A partir de simulações estatísticas, Cohen, March e Olsen (1972) evidenciam que a maior parte das decisões tomadas não tem relação direta com a resolução específica de um problema, mas ocorrem em um processo conflituoso de negociação ou de forma conexa à resolução de outro problema. Em síntese, sob a ótica desse modelo, podemos desconstruir a compreensão simplista da resolução de problemas como sendo somente decorrentes de tomadas de decisões.

Essa constatação é provocativa e permite abrir a reflexão sobre o que se considera, muitas vezes, como o "problema da política". Você já deve ter escutado de algum colega ou mesmo ter sido exposto a uma situação na qual você pensa: "É uma pena que uma proposta tão boa, tecnicamente fundamentada, tenha sido desconfigurada ao longo do caminho". Adotar tal perspectiva significa desconsiderar o papel das arenas políticas de negociação, que é parte constituinte e fundamental da construção e da implementação de políticas públicas.

O modelo da lata de lixo consolidou-se como referência no campo da *policy analysis*, tendo sido utilizado de base para o desenvolvimento de um modelo subsequente, que parte das mesmas premissas, mas avança na discussão de suas variáveis, como veremos a seguir.

3.2 Modelo dos fluxos múltiplos

O antigo modelo da lata de lixo foi aperfeiçoado por John Kingdon (1995) após uma extensa pesquisa empírica junto aos funcionários públicos do alto escalão americano nas áreas de saúde e transportes, formulando, assim, o modelo dos fluxos múltiplos (*multiple streams*). Nessa abordagem, a concepção racional de problemas procurando por soluções e de atores perseguindo seus interesses é substituída por um processo decisório que está sujeito à existência de oportunidades.

Seguindo essa premissa, o autor constrói seu modelo analítico a partir de três fluxos: (1) problemas (*problems*), (2) soluções ou alternativas (*policies*) e (3) dinâmica política (*politics*). Ao substituir a variável *participantes* por **eventos políticos**, Kingdon (1995) incorpora o fator político em seu modelo. Destarte, os participantes não compõem um fluxo independente (como no modelo anterior), mas operam dentro e entre os fluxos, articulando problemas e soluções.

Na sequência, abordaremos cada um desses fluxos para, em seguida, analisarmos o conceito de *janela política*, ideia essencial no modelo de fluxos múltiplos.

O **primeiro fluxo** engloba os elementos envolvidos na inclusão de um problema na agenda governamental. Para Kingdon (1995), os indivíduos apenas são capazes de concentrar sua atenção em um número limitado de condições socialmente percebidas, para as quais passa-se a acreditar que algo deve ser feito, caracterizando-se, assim, como problemas públicos. Para que isso ocorra, podem ser utilizados três mecanismos básicos: (1) indicadores; (2) eventos, crises e símbolos; e (3) *feedback* das ações governamentais.

Os **indicadores** apontam para a existência de uma condição, correspondendo a interpretações que auxiliam na demonstração da existência de um problema e na sensibilização dos formuladores de políticas. Como exemplo, podemos citar as pesquisas do Instituto

Brasileiro de Geografia e Estatística (IBGE) sobre a distribuição de renda no Brasil, cujos resultados fomentaram diferentes políticas de desenvolvimento social no país, como o Fome Zero e o Bolsa Família.

O segundo grupo de mecanismos (**eventos, crises e símbolos**) atua de forma a reforçar a percepção de um problema, chamando atenção para a ocorrência de eventos de grande magnitude, como desastres ou crises, que solicitam ações do Poder Público, podendo contribuir para a inclusão de um tema na agenda governamental. Um exemplo relativamente recente foi a tragédia ocorrida em uma casa noturna na cidade Santa Maria, no Rio Grande do Sul, em 2013. A partir do ocorrido, uma série de municípios passaram a ampliar a fiscalização sobre os edifícios comerciais, com enfoque no licenciamento junto ao Corpo de Bombeiros.

Por fim, o *feedback* da ação governamental, que envolve o monitoramento dos gastos, o acompanhamento da implementação e o cumprimento de metas, pode fornecer maior relevância a determinadas demandas, tornando-as foco de atenção dos formuladores de políticas. Um exemplo recente é o processo de tramitação da Reforma da Previdência, aprovada e fundamentada em grande medida pelos resultados do monitoramento dos gastos do governo federal (ainda que, por óbvio, o contexto de proposição seja maior, mais complexo e envolva outras variáveis).

Esses mecanismos evidenciam determinadas **condições** que, contudo, não se transformam de forma automática em **problemas**. Os problemas são construções sociais e envolvem uma carga perceptiva e interpretativa, constituindo elementos de forte influência sobre a agenda pública, interferindo sensivelmente sobre ela.

O **segundo fluxo** – soluções (*policy stream*) – trata das alternativas socialmente consideradas para intervir sobre determinados problemas, desenvolvidas em um fluxo que não necessariamente tem relação com as dinâmicas ou as arenas nas quais foram conformados os problemas. As soluções são desenvolvidas em seu próprio ambiente (*policy communities*), no qual as ideias com maior viabilidade técnico-financeira e mais aderentes aos valores socialmente compartilhados se sobressaem e são consideradas pelos formuladores de políticas. Como podemos observar, as ideias são centrais no modelo dos fluxos múltiplos. Para Kingdon (1995), seu processo de formação e a argumentação inerente à essa dinâmica são partes substanciais na produção de políticas públicas, apresentando relevância similar a elementos geralmente privilegiados em outros modelos, como as relações de poder e as estratégicas de influência.

Por fim, o **terceiro fluxo** (dinâmica política) tem dinâmicas e regras próprias que o diferencia dos demais, descolando-se, assim, dos tempos e das dinâmicas inerentes à formação dos problemas e à definição de alternativas. Sendo resultado direto do processo de negociação política, o fluxo da dinâmica política é influenciado por três elementos: (1) mudanças governamentais, (2) forças políticas e (3) clima nacional.

As mudanças governamentais estão relacionadas aos impactos decorrentes de alterações em cargos estratégicos ou estratégias de gestão dentro do próprio governo, podendo influenciar na formação da agenda. De forma semelhante, o que Kingdon (1995) denomina *clima nacional* (*national mood*) envolve a convergência, por determinado tempo, da atenção pública para temáticas específicas, gerando uma pressão em determinados posicionamentos por parte do corpo político. Nesse sentido, as forças políticas podem atuar de forma coordenada, gerando grupos de pressão que estimulam (ou desestimulam) a tomada de decisão.

Ainda que problemas públicos e articulações políticas possam alimentar a agenda governamental, a probabilidade de um tema emergir é imensamente maior quando ocorre a confluência entre os três fluxos. Uma efervescência no fluxo da política pública (soluções emergindo) pode articular-se a um problema proeminente ou a eventos no ciclo da dinâmica política, de forma a ser considerado em um ambiente maior que apenas a comunidade de especialistas na qual se formou. Nenhuma das dimensões é suficiente, por si só, para inserir algo na agenda pública.

Assim, a inserção de um tema na agenda pública apenas ocorre quando há convergência (*coupling*) entre os três fluxos, em um fenômeno que Kingdon (1995) conceitua de *janela política*, no qual uma condição socialmente percebida coloca-se como problema público e, para ela, há soluções com viabilidade técnico-financeira socialmente reconhecidas e disposição política para a tomada de decisão (Figura 3.1). Essas janelas são, em sua essência, transitórias, já que a qualquer momento pode haver a desarticulação dos fluxos por mudanças no governo, na percepção do problema ou no entendimento sobre o formato mais adequado de intervenção.

Figura 3.1 – *Representação esquemática do modelo de fluxos múltiplos*

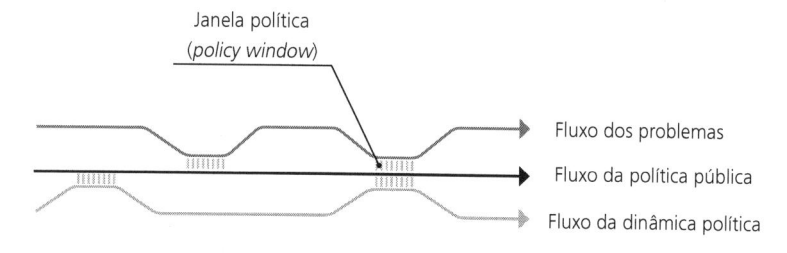

Janela política
(*policy window*)

Fluxo dos problemas
Fluxo da política pública
Fluxo da dinâmica política

Fonte: Enserink; Koppenjan; Mayer, 2013, p. 29 (tradução nossa).

Conforme afirma Kingdon (1995), existem "aberturas de janela" periódicas e previsíveis – como o ciclo orçamentário e o fim do mandato eleitoral – e outras inesperadas, para as quais os empreendedores de políticas (*policy entrepreneurs*) devem estar preparados, com suas proposições e diagnósticos em mãos, de forma a não perder a oportunidade circunstancial ocorrida.

Cabe destacar o papel desempenhado pelos empreendedores de políticas (*policy entrepreneurs*), dispostos a investir seus recursos (tempo, energia, reputação e dinheiro) para defender uma posição em troca de benefícios futuros. Esses indivíduos podem integrar o governo (no Poder Executivo ou no Legislativo) ou situar-se fora dele (grupos de interesse, academia e mídia) e caracterizam-se pelo conhecimento aprofundado de uma questão, pela habilidade em representar as ideias de outros indivíduos ou grupos e por manter conexões políticas consistentes. Para Capella (2005), os empreendedores de políticas são fundamentais, unindo problemas e soluções, propostas e momentos políticos, bem como eventos políticos e problemas. Sem o desempenho desse papel, problemas não encontrariam possíveis soluções, ideias deixariam de ser defendidas e momentos políticos favoráveis poderiam ser perdidos por falta de propostas.

Os atores influentes no processo de definição da agenda são diferenciados por Kingdon (1995) em dois grupos. O primeiro é composto por atores visíveis (*visible cluster of participants*), que recebem considerável atenção da imprensa e do público e são influentes na definição da agenda governamental, atuando preponderantemente nos fluxos de problemas e política. Esse grupo é composto pelo presidente, integrantes do alto escalão da burocracia governamental, Poder Legislativo, grupos de interesse, participantes do processo eleitoral (partidos políticos e coalizões construídas durante a campanha), mídia e opinião pública. O segundo grupo, por sua vez, tem relação com as arenas de geração e difusão de soluções (*policy communities*), sendo formado por funcionários públicos, assessores parlamentares, analistas e pesquisadores que, juntos, conformam o que Kingdon (1995) denomina *atores invisíveis* (*hidden cluster of participants*).

Essa tipologia constitui um dos contributos centrais de Kingdon (1995) para o campo de análise de políticas públicas, identificando os atores envolvidos não mais na forma de redes horizontais, mas sim vinculados a diferentes hierarquias que se entrelaçam e dão o tom das relações intergovernamentais. Dessa forma, o modelo auxilia a compreender a produção de políticas públicas como uma confluência de possibilidades, permitindo investigar as transformações decorrentes da governança no cenário contemporâneo (Peters, 2002).

Ainda que amplamente estudado e utilizado, o modelo dos fluxos múltiplos também é objeto de críticas, sobretudo em razão da menor importância concedida às instituições, que podem exercer papel decisivo na determinação de problemas, bem como condicionar as soluções possíveis. Para Mucciaroni (1992, p. 466, tradução nossa),

> [nesse modelo, as instituições] são identificadas como "jogadores no jogo" e "participantes nos três fluxos". Contudo, instituições também definem a topografia, a margem e o leito dos rios que canalizam e moldam os comportamentos dos participantes. Elas consistem em regras de tomada de decisão e procedimentos, estruturas de autoridade, normas e rotinas, que são amplamente resilientes a mudanças de indivíduos e que tem impacto independentemente dos atributos pessoais de que ocupa posições particulares.

Procurando contrapor as críticas, Capella (2005) argumenta que a estrutura fluída do modelo e o não estabelecimento de relações de causa e efeito entre problemas e alternativas deriva do conceito básico do *garbage can*, que se opõe à lógica determinística presente em abordagens de sistemas fechados. Contudo, a autora, ancorada em Peters (2002), reconhece as limitações do modelo em prever mudanças na agenda, caracterizando-se essencialmente como um modelo explicativo *ex-post facto*.

Um consenso entre os diversos autores que analisam o modelo de Kingdon é que, a despeito da aparente imprevisibilidade da combinação dos fluxos, há certo padrão identificável. Algumas possibilidades de junção dos fluxos são mais prováveis que outras, e a habilidade de um número limitado de atores molda os resultados (Peters, 2002; Mucciaroni, 1992; Capella, 2005).

A sobrevivência de uma ideia nas *policy communities*, por exemplo, depende de certa aceitação política, implicando a conexão entre o fluxo político e o fluxo de soluções. De forma análoga, mudanças em cargos do alto escalão do governo e alterações no humor nacional podem estar relacionadas a preocupações com problemas específicos (Capella, 2005). Mucciaroni (1992) defende que os fluxos devem ser considerados interdependentes, que as convergências parciais (*political window* ou *problem window*) também têm de ser investigadas e que a atenção não pode estar voltada apenas para o estágio final de formação da agenda. Mais recentemente, Kingdon (1995) reconheceu a conexão dos fluxos em momentos diversos das *policy windows*. Contudo, para ele, a independência dos fluxos ainda pode ser percebida no mundo real, bem como a utilização no campo dos modelos teóricos é igualmente pertinente.

Independentemente das críticas, o modelo *multiple streams* permite interpretar o processo político a partir de uma matriz teórica que captura a dinâmica das ideias, a disputa na definição dos problemas e na geração de alternativas – disputas essas que podem ocorrer em momentos e ambientes diferentes. Assim, esse modelo possibilita a análise em condições de ambiguidade e incerteza, fatores que seriam tratados como anomalias em concepções racionalistas de formulação de políticas públicas.

3.3 Modelo do equilíbrio pontuado

Baseando-se nas reflexões sobre o processo evolutivo no campo da biologia e sobre os sistemas complexos no campo da economia, a teoria do equilíbrio interrompido (*punctuated equilibrium*) caracteriza-se como uma saída ao conflito entre a escola incrementalista* e seus críticos, fornecendo um modelo que elucida a existência de períodos de estabilidade pontuados por ocasionais mudanças expressivas. Criado em 1993 por Baumgartner e Jones (2010), o modelo advoga que há uma tendência de as políticas públicas se manterem constantes por longos períodos, os quais são interrompidos por curtos e significativos períodos de transformação expressiva.

Segundo afirmam Jones e Baumgartner (2012), seu desenvolvimento foi motivado justamente pela insatisfação dos autores com a baixa capacidade explicativa dos modelos pautados em regras, estabilidade e ajustes incrementais frente à realidade concreta, na qual com frequência são identificadas transformações desconexas, episódicas e nem sempre previsíveis nas políticas públicas. Para John (2006, p. 179-180, tradução nossa),

> O modelo do equilíbrio interrompido reúne em si mesmo uma variedade de elementos vinculados ao processo de tomada de decisão. Instituições são importantes porque elas delimitam o conjunto de participantes políticos em um processo, assim como excluem outros. Instituições auxiliam a garantir que os problemas são definidos de uma forma particular e não de outra. [...] Interesses e redes são importantes nesse modelo, porque, dentro do quadro institucional, existem padrões de associação que ajudam a consolidar agendas e determinar a definição de problemas. Ademais, mudanças em agendas são frequentemente associadas com novos

✦ ✦ ✦

* A visão incremental da política pública defende que estas não se originam do zero, mas sim de evoluções graduais. Os tomadores de decisão tendem a ajustar os problemas e as soluções em um processo de **comparações sucessivas limitadas**. Destarte, o gestor público não precisaria efetivamente avaliar todos os valores envolvidos, mas sim as diferenças marginais (incrementais) entre as alternativas disponíveis (Souza, 2006; Robinson, 2006).

> grupos de interesse e coalizões que podem tornar-se importantes na definição de agendas. [...] Atores individuais e seus interesses são cruciais. A mudança nas agendas é dirigida pelo caminho a partir do qual o sistema político premia alguns enquanto exclui outros. [...] Ideias também são importantes, visto que correspondem a elementos de estruturação das agendas.

De forma análoga aos modelos *garbage can* e *multiple streams*, aqui também vemos uma abordagem vinculada ao conceito de racionalidade limitada. Assim, rejeita-se a concepção do *homus economicus* que pautaria suas ações segundo uma avaliação racional entre custos e benefícios. Logo, as estruturas cognitiva e emocional dos indivíduos envolvidos têm importância fundamental (Jones; Baumgartner, 2012).

Os tomadores de decisões não conseguem avaliar todas as alternativas disponíveis, pois a busca por soluções demanda tempo e recursos financeiros excessivos. Concomitantemente, a consideração de diversos valores nessa avaliação também é custosa, dificultando a obtenção de consensos e tornando o processo moroso e extenso. Com isso, os tomadores de decisão são impelidos a atuar como "malabaristas", na tentativa de articular um amplo espectro de questões e temáticas, por vezes concorrentes, para compor a agenda política (Robinson, 2006; Baumgartner et al., 2009).

Diante desse cenário, os tomadores de decisão não conseguem realizar um levantamento efetivamente amplo de alternativas que, posteriormente, também tem sua avaliação restringida pela escassez de recursos humanos, financeiros, de tempo e conhecimento. Conforme pontua Robinson (2006), a somatória de padrões restritos de busca por soluções e limitações de variáveis de avaliação conduz a gestões mais conservadoras, nas quais as políticas públicas se transformam em algo incremental, com pequenas mudanças ao longo do tempo. Essa dinâmica apenas é interrompida em momentos pontuais, nos quais o ambiente político mostra-se propício e há uma relação atrativa de custo-benefício na busca por soluções, resultando em novas estratégias a serem consideradas e em transformações mais substanciais.

O modelo do equilíbrio interrompido integra diferentes variáveis em sua estrutura analítica, incluindo o reconhecimento da capacidade limitada dos tomadores de decisão, que se configura como uma crítica à ideia de que as políticas públicas evoluem de forma gradual ao longo do tempo, considerando a influência das instituições em todo o processo, sobretudo a partir do conceito de **fricção institucional**.

Esse conceito ajuda a compreender a produção de políticas públicas nesse modelo. Para Jones e Baumgartner (2012), o fluxo de informação em um subsistema de política pública encontra resistência (ou fricção) ao buscar ajustar-se dentro da estrutura existente.

Os sistemas políticos caracterizam-se por uma fricção significativa, composta, entre outros elementos, pelas imperfeições no desenho organizacional das instituições públicas, pelos procedimentos operacionais padrões da organização, pela cultura organizacional, pela ideologia e pela própria particularidade da arquitetura cognitiva humana, que busca estabilidade e relativa previsibilidade de comportamento em um mundo complexo (Jones; Baumgartner, 2012; Baumgartner et al., 2009).

A reunião dessas ideias aos conceitos de equilíbrio interrompido da biologia e do comportamento de sistemas complexos da economia permitiu a Baumgartner e Jones (2010) identificar e avaliar períodos de instabilidade e estabilidade nas políticas públicas americanas por meio do uso de dados temporais longitudinais de definição de agenda e formulação de políticas. Posteriormente, os autores estenderam seus estudos para outros países, identificando padrões semelhantes na Bélgica e na Dinamarca (Baumgartner et al., 2009). Outros pesquisadores também demonstraram padrões semelhantes em estudos específicos, como John e Bevan (2012) no Reino Unido. Como elemento de destaque, esse modelo aponta para uma saída ao impasse teórico existente entre as teorias incrementais e não incrementais de políticas públicas. Ao focalizar na análise dos fatores que contribuem para decisões de continuidade ou interrupção (e transformação), a teoria do equilíbrio interrompido, corroborada por substanciais resultados obtidos em diversos estudos empíricos, evidencia sua relevância como elemento integrador de diferentes abordagens do processo de formulação de políticas públicas, contribuindo na avaliação das variáveis envolvidas e no grau de magnitude das mudanças de comportamento organizacional, formação de coalizões e alterações nos custos de transação.

Contudo, Robinson (2006), Weimer e Vining (2011) alertam para algumas limitações desse modelo e de sua capacidade explicativa. Ao aplicá-la na análise de uma política pública, esse modelo aponta para determinada frequência de magnitude de mudanças. No entanto, os estudos desenvolvidos tendem a se concentrar muito mais na identificação desse padrão do que propriamente nos fatores que supostamente o motivaram. Ademais, a interpretação de raras e significativas transformações e comuns e pequenas mudanças é efetuada de forma intuitiva e descritiva, carecendo de suporte estatístico adequado. Para John (2006), embora as análises quantitativas sugiram associações, estas não estabelecem necessariamente relações causais entre as diferentes agendas (opinião pública, mídia, fóruns políticos) e os resultados em políticas públicas.

3.4 Modelo de coalizão de defesa

Desenvolvido na década de 1980 por Paul Sabatier e Hank Jenkins-Smith, o modelo de coalizão de defesa (*Advocacy Coalition Framework – ACF*) foi impulsionado para dar resposta às limitações que os autores viam na produção teórica vigente. Suas críticas se concentravam em três aspectos: (1) insuficiência do *policy cycle* como teoria explicativa; (2) demanda por um modelo sistêmico que incorporasse as abordagens *top-down* e *bottom-up* de forma simultânea; e (3) lacuna dos modelos até então existentes em considerar a importância do conhecimento técnico-científico no processo político (Weible; Sabatier; McQueen, 2009).

Desde a década de 1970, Paul Sabatier defendia a validade do conhecimento técnico como elemento significativo no processo de formulação de políticas públicas, tendo em vista seu papel no fortalecimento dos argumentos durante a negociação, bem como sua função esclarecedora, permitindo a mudança de entendimento dos atores envolvidos. Como resposta, esse modelo concedeu um papel de destaque para as hipóteses levantadas pelo conhecimento técnico e científico, mediante uma abordagem sistêmica que integra os estágios do *policy cycle* e incorpora aspectos de ambas as abordagens de implementação de políticas públicas (*top-down* e *bottom-up*).

Da abordagem *bottom-up*, o modelo importou as unidades de análise. Assim, o foco está no problema, objeto da política pública, e, por conseguinte, nos atores envolvidos com a tomada de decisão (*policy makers*), nos implementadores e nos grupos envolvidos com o tema em questão. O conjunto desses atores compõe o **subsistema da política pública***, elemento central do modelo de coalizão

✦ ✦ ✦

* Esse subsistema será retomado posteriormente, ainda nesta seção.

de defesa. Da abordagem *top-down*, Sabatier e Jenkins-Smith (1999) reconheceram a influência dos eventos e dos fatores socioeconômicos (externos ao subsistema da política pública) sobre o processo político, bem como a relevância das estruturas institucionais que, embora parcialmente, condicionam a atuação dos atores governamentais.

Para Weible e Sabatier (2007), o ACF tem se mostrado um dos modelos mais consistentes, permitindo a compreensão das mudanças nas políticas públicas, particularmente naqueles casos em que há discordância quanto aos objetivos a serem alcançados e às técnicas a serem adotadas, envolvendo diversos atores de diferentes níveis governamentais, grupos de interesse, instituições de pesquisa e a mídia. Correlacionando com o contexto atual, constatamos que grande parte dos temas e políticas públicas atendem justamente a essas características.

A unidade central de análise do modelo é o subsistema da política pública (*policy subsystem*), que é conformado em um recorte geográfico e um tema específicos, no qual estão inseridos uma série de participantes (*policy participants*), de diferentes níveis governamentais, grupos de interesse, instituições acadêmicas e a mídia. Esses autores, com o objetivo de influenciar a política pública, agem em conjunto com seus aliados para formar coalizões de defesa (*advocacy coalitions*).

O modelo, originalmente concebido na década de 1980, passou por revisões e complementações no final das décadas de 1990 e, posteriormente, nos anos 2000, (Sabatier; Jenkins-Smith, 1999; Sabatier, 2007), chegando à forma final apresentada na Figura 3.2, a seguir.

Figura 3.2 – *Modelo de coalizão de defesa*

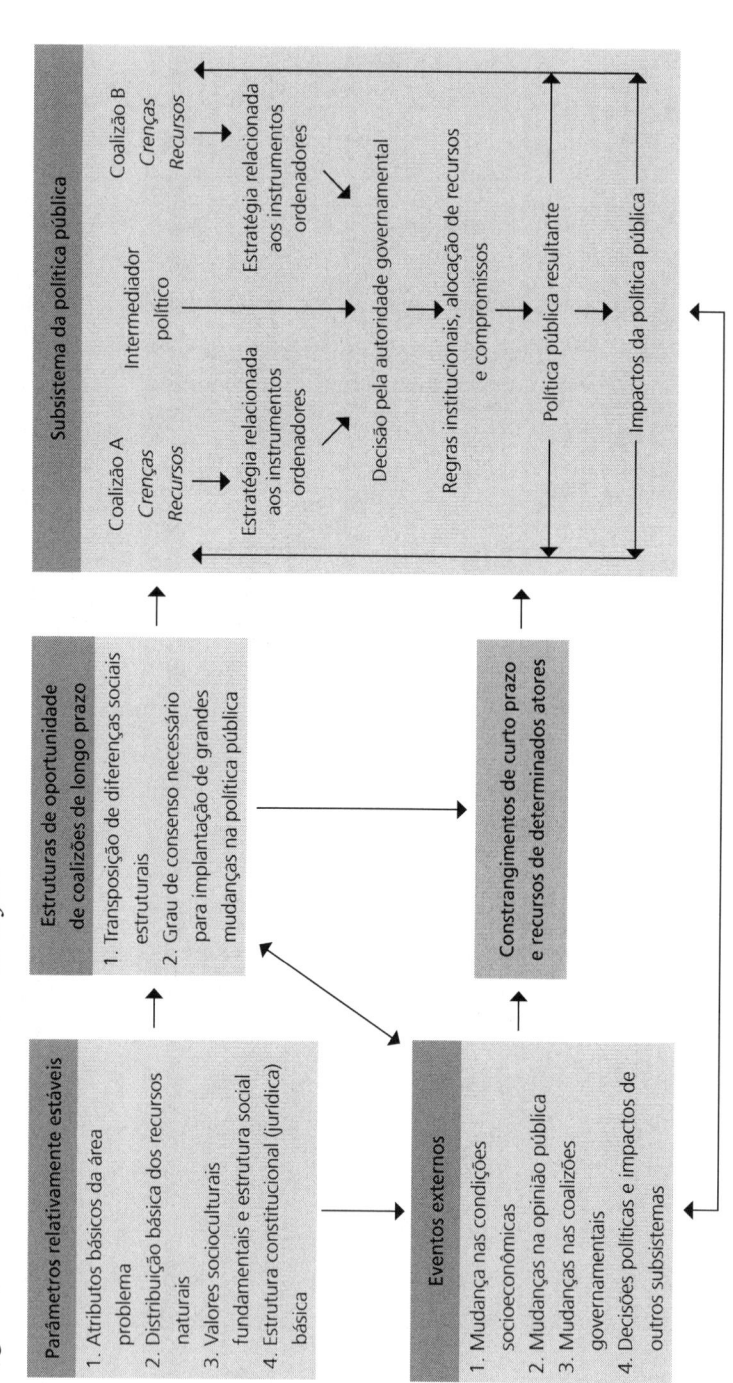

Parâmetros relativamente estáveis
1. Atributos básicos da área problema
2. Distribuição básica dos recursos naturais
3. Valores socioculturais fundamentais e estrutura social
4. Estrutura constitucional (jurídica) básica

Estruturas de oportunidade de coalizões de longo prazo
1. Transposição de diferenças sociais estruturais
2. Grau de consenso necessário para implantação de grandes mudanças na política pública

Eventos externos
1. Mudança nas condições socioeconômicas
2. Mudanças na opinião pública
3. Mudanças nas coalizões governamentais
4. Decisões políticas e impactos de outros subsistemas

Constrangimentos de curto prazo e recursos de determinados atores

Subsistema da política pública

Coalizão A
Crenças
Recursos

Intermediador político

Coalizão B
Crenças
Recursos

Estratégia relacionada aos instrumentos ordenadores

Estratégia relacionada aos instrumentos ordenadores

Decisão pela autoridade governamental

Regras institucionais, alocação de recursos e compromissos

Política pública resultante

Impactos da política pública

Fonte: Elaborado com base em Sabatier, 2007.

O entendimento do conceito de **coalizões de defesa** é fundamental para a compreensão desse modelo. Com base em Sabatier e Jenkins-Smith (1999), as coalizões de defesa correspondem a um conjunto de pessoas de diversas posições (eleitos, órgãos oficiais, líderes de grupos de interesse, pesquisadores, jornalistas) que compartilham um sistema particular de crenças (*belief system*) e que demonstram um grão não trivial de atividade coordenada ao longo do tempo.

É importante observar que a filiação institucional dos atores envolvidos, ainda que relevante, não é absoluta na construção das coalizões de defesa, de forma que coalizões se estruturam e se desorganizam ao longo do tempo, em um padrão muito mais próximo da realidade contemporânea. Segundo Sabatier e Jenkins-Smith (1999), esses grupos (coalizões) procuram exercer sua influência por meio de cinco estratégias principais: (1) pressionar os legisladores, por meio de contribuições de campanha e depoimentos, para modificar o orçamento e o poder de determinadas agências; (2) influenciar o processo de definição dos titulares de determinados cargos, sejam eles nomeados, funcionários de agências, diretores executivos ou legisladores; (3) exercer influência por intermédio dos meios de comunicação com vistas a alterar a opinião pública (um fator externo potencialmente importante); (4) fazer pressão, por meio de manifestações e boicotes, para alterar o comportamento do grupo-alvo de determinada política; e (5) influenciar, por meio de pesquisas e troca de informações, a percepção dos diversos atores envolvidos em uma política pública, tentando transformá-la gradualmente.

O subsistema onde esses grupos atuam não se processa de forma hermética, mas em um contexto social no qual as coalizões se desenvolvem, são afetadas e afetam o contexto. Essa dinâmica é abarcada pelo modelo a partir de duas categorias – os parâmetros relativamente estáveis e os eventos externos –, que influenciam a densidade dos grupos de coalizão e as estratégias de negociação, podendo fomentar coalizões de longo prazo ou gerar restrições de curto prazo.

A primeira categoria, relacionada aos parâmetros relativamente estáveis (*relatively stable parameters*), envolve os atributos básicos da área problema, a distribuição dos recursos naturais, os valores socioculturais fundamentais, a estrutura social e a estrutura constitucional básica. Tais parâmetros são fundamentais, pois estruturam a natureza do problema, limitam os recursos disponíveis, estabelecem os valores e as crenças vigentes e definem as regras e os procedimentos para que mudanças ocorram nas políticas públicas, bem como para que decisões coletivas sejam tomadas (Sabatier; Jenkins-Smith, 1999). Segundo Weible e Sabatier (2007), em razão da resistência de mudança, esses parâmetros geralmente são entendidos, pelos atores envolvidos, apenas como dados e tendem a ser estrategicamente desconsiderados como possível objeto de ação com vistas a exercer seu papel de influência.

A segunda categoria está relacionada aos eventos externos (*external events*), que envolvem as decisões políticas e seus impactos sobre outros subsistemas, além de mudanças nas condições socioeconômicas, na opinião pública e nas coalizões governamentais. Esses eventos podem atrair atenção da opinião pública e, consequentemente, ampliar ou reduzir o direcionamento de recursos para determinada temática (Weible; Sabatier, 2007).

Uma questão central nesse modelo é a leitura das dinâmicas internas de organização das coalizões, a qual se relaciona à **concepção de indivíduo** (Weible; Sabatier, 2007). De forma semelhante aos demais modelos, o ACF também entende que a capacidade de decisão dos indivíduos é limitada pela restrição de sua capacidade cognitiva em compreender um mundo complexo e em adquirir novas informações. Assim, esses indivíduos tendem a ignorar informações que conflitem com suas crenças, bem como tendem a absorver sem maiores resistências as informações que estejam alinhadas a elas. Podemos destacar, ainda, a tendência desses indivíduos em recordar as derrotas com maior intensidade – internalizadas como perdas pessoais significativas – do que as conquistas bem-sucedidas, fomentando certa aversão emocional a seus adversários e desestimulando um pensamento mais racional.

Como você pode perceber, o modelo avança em assuntos relacionados à estrutura psicoemocional dos atores que, de fato, estão em jogo nos processos decisórios. Como consequência, esses atores são "naturalmente" motivados a procurar estabelecer uma relação cooperativa com os simpatizantes de suas ideias, formando coalizões de defesa.

As crenças individuais, que conformam a ação, são divididas por Sabatier e Jenkins-Smith (1999) em três níveis hierárquicos. No nível mais elevado estão as crenças mais profundas (*deep core beliefs*), ancoradas em convicções ontológicas e normativas fundamentais, presentes em praticamente todos os subsistemas de políticas públicas e que apresentam grande resistência à mudança. Podemos citar como exemplo a opção religiosa e a polarização entre priorização de direitos individuais *versus* direitos sociais.

No nível intermediário estão as principais crenças relativas especificamente à uma política pública (*policy core beliefs*), envolvendo o conjunto de compromissos normativos básicos e as percepções gerais de causa e efeito. Elas são, em essência, crenças empíricas predominantes em um subsistema de política pública, como o entendimento sobre o grau de importância de certos problemas em um subsistema ou o correto grau de distribuição de poder entre governo e mercado. Mesmo que em menor medida, essas crenças também apresentam resistência à mudança (Sabatier; Jenkins-Smith, 1999).

Por fim, no nível inferior estão as crenças secundárias (*secondary beliefs*), formadas por um conjunto menor e mais limitado de crenças que versam sobre aspectos específicos de uma política pública ou de seu contexto. Esse nível é o mais suscetível a mudanças, sobretudo a partir da disseminação de novas informações e eventos (Sabatier; Jenkins-Smith, 1999; Weible; Sabatier; McQueen, 2009). Como exemplo, podemos pensar na percepção do problema público em um local específico, que diverge da percepção desse mesmo problema em sentido amplo.

Para compreendermos a produção de políticas públicas a partir do modelo de coalizão de defesa, devemos partir desses três níveis de crenças, que nos auxiliam a diferenciar as pequenas e substanciais mudanças nas políticas públicas (*minor and major policy change*). As primeiras (*minor policy change*) ocorrem de forma mais frequente e com menor magnitude e, geralmente, estão relacionadas com alterações parciais de âmbito territorial ou material em um subsistema de política pública. Já as mudanças substanciais (*major policy changes*) correspondem a transformações estruturais no subsistema da política pública ou nas principais crenças relativas a uma política pública (*policy core beliefs*).

Conforme salientam Sabatier e Jenkins-Smith (1999, p. 147, tradução nossa),

> O escopo da mudança na política pública está ligado ao tema, pois é ele que determina se ela é pequena ou substancial [...] a mesma mudança pode ser pequena para um subsistema, mas substancial para outro subsistema aninhado a ele. Por exemplo, alterações nos padrões de emissão de gases automotivos podem ser consideradas substanciais para o subsistema de controle da poluição dos automóveis, mas relativamente menor para um subsistema mais amplo de controle da poluição atmosférica.

Tais mudanças são desencadeadas, basicamente, por meio de três mecanismos: (1) choques externos, (2) impasses "traumáticos" (*hurting stalemate*) e (3) acúmulo suficiente de evidências técnico-científicas.

Os eventos que ocorrem externamente ao subsistema da política pública – como alterações nas condições socioeconômicas ou nas coalizões governamentais – compõe a categoria dos choques externos, podendo conduzir a mudanças nas políticas públicas por meio da alteração nos espaços de negociação e na distribuição dos recursos disponíveis (reorganizando o poder entre as coalizões) ou por meio da transformação das crenças principais (*policy core beliefs*) da coalizão de defesa dominante em um subsistema de política pública. Em ambos os casos, criam-se condições favoráveis a mudanças estruturais nas políticas públicas.

O segundo mecanismo (*hurting stalemate*) é desencadeado quando todas as coalizões envolvidas na negociação percebem que a continuidade do *status quo* é inaceitável e que já se esgotaram as alternativas disponíveis para exercer seu poder de influência. Nas palavras de Weible e Sabatier (2007, p. 130, tradução nossa), "somente quando as coalizões esgotam suas opções e estão insatisfeitas com a situação atual, emergem condições para pactuar e negociar modificações substanciais nas políticas públicas".

A mudança de crenças e de políticas públicas também pode ocorrer pelo acúmulo gradual de informação advindo, por exemplo, de pesquisas científicas e estudos técnicos de experiências anteriores. Dessa forma, a mudança na postura dos atores envolvidos pode ocorrer em razão do contato com o resultado de experiências pretéritas ou com novas informações que induzam à revisão de determinada política pública.

Por fim, descatamos um conceito complementar que integra o modelo de coalizão de defesa: o **intermediador de políticas públicas** (*policy broker*). Em um subsistema de política pública, a maior parte dos participantes envolve-se em coalizões de defesa para converter suas crenças (*beliefs*) em políticas públicas, ação que tende a criar uma escalada de conflitos políticos entre grupos discordantes. Nesse contexto, o *policy broker*, que dispõe de credibilidade e certa autoridade sobre o processo decisório, atua de forma a mediar um acordo razoável entre as partes, incluindo agentes eleitos, funcionários públicos do alto escalão e tribunais (Sabatier; Jekins-Smith, 1999; Weible; Sabatier, 2007).

Todavia, Weible e Sabatier (2007) alertam que esse modelo pode ser de difícil aplicação, pois, além de exigir uma compreensão dos conflitos, as mudanças políticas demandam uma leitura histórica de, no mínimo, uma década e, geralmente, também é preciso realizar pesquisa de campo com entrevistas. Ambas as demandas consomem recursos financeiros e tempo expressivos. Os autores ainda apresentam como limitação para a aplicação desse modelo a ausência de explicações sobre os fatores condicionadores do subsistema da política pública em favor de uma coalizão de defesa predominante, de duas ou mais coalizões concorrentes ou da inexistência de coalizões de defesa.

Síntese

Neste capítulo, desenvolvemos um arcabouço consistente de conceitos, apresentando elementos de reflexão e aportes teóricos para subsidiar a compreensão da formulação e da gestão de políticas públicas. Ao longo do capítulo, você pode ter contato com alguns modelos de análise de políticas públicas que auxiliam a entender o processo de formação de agendas e de formulação de políticas públicas, evidenciando determinados fatores e dinâmicas.

Um elemento comum a todos é a adoção de uma leitura pós-positivista, que ultrapassa a leitura tradicional da política pública como resultado de uma tomada de decisão pautada pela análise racional de um ator ou de uma instituição. Ademais, a própria leitura de instituições como um todo coeso, que se move na mesma direção, foi desconstruída.

Paulatinamente, os estudos, as teorias e os modelos formulados conformam um *corpus* de reflexão que entendem a política pública como resultado de uma complexa articulação e negociação de atores e grupos de interesse, que se ajustam dentro de regras institucionalizadas para defender seus interesses e suas pautas.

Considerando-se esse espectro de leitura, abordamos quatro modelos: (1) lata de lixo (Cohen; March; Olsen, 1972); (2) fluxos múltiplos (Kingdon, 1995); (3) equilíbrio interrompido (Jones; Baumgartner, 2012); e (4) coalizões de defesa (Sabatier; Jenkins-Smith, 1999; Sabatier, 2007).

No modelo da laxa de lixo, vimos a interação entre quatro fluxos (problemas, soluções, participantes e oportunidades de escolha) como pressuposto básico de funcionamento. A metáfora da lata faz referência ao processo decisório não seguir um procedimento racional linear, mas ser resultado da melhor escolha possível diante das limitações impostas e do próprio processo de negociação política. O modelo dos fluxos múltiplos inspira-se no anterior para propor uma leitura do processo de produção de políticas públicas a partir de três fluxos (problemas, soluções e dinâmicas políticas), que, por vezes, se tocam, conformando uma janela política na qual há maior probabilidade de ocorrer transformações substanciais nas políticas públicas.

Já o modelo do equilíbrio interrompido busca conciliar diferentes abordagens (*top-down* e *bottom-up*) em uma teoria que passa a enxergar as políticas públicas a partir de grandes momentos de estabilidade interrompidos por momentos pontuais de significativa transformação. Por fim, o modelo de coalizões de defesa, que é um dos mais utilizados na contemporaneidade, apresenta um conjunto de variáveis que se interrelacionam, destacando-se a importância dada às coalizões formadas a partir da similitude de ideias e valores (não necessariamente vinculadas a instituições ou grupos) e sua interação no subsistema da política pública.

Como você pôde observar, ainda que compartilhem uma base ontológica comum, ou seja, interpretem o funcionamento de mundo por uma lente similar, cada modelo parte de determinado pressuposto e articula diferentes variáveis. Como se sabe, optamos, neste livro, por não trazer apenas um, mas vários modelos, de forma a propiciar a você o repertório suficiente para escolher o que melhor se adequa à sua leitura dos fenômenos e às suas crenças profundas. A depender da lente utilizada, determinados elementos são evidenciados. Como resultado, buscamos ordenar a complexidade do ambiente real em um conjunto finito de variáveis, o que auxiliou na organização do pensamento, na mediação da leitura e, por conseguinte, acreditamos que tenha contribuído com os processos futuros de produção e implementação de políticas públicas.

Questões para revisão

1. O modelo dos fluxos múltiplos (Kingdon, 1995) parte de três fluxos – problemas, soluções e dinâmica política –, detalhando os processos, os atores e as dinâmicas presentes em cada um. Nesse modelo, há conceitos estruturantes que dão suporte à leitura realizada. Considerando esses conceitos, analise as afirmações a seguir e indique V para as verdadeiras e F para as falsas.

   ( ) A janela política é o momento crítico em que ocorre uma convergência entre os três fluxos, gerando uma oportunidade de mudança na agenda.

   ( ) Os atores visíveis, influentes na definição da agenda governamental, são constituídos, em síntese, por funcionários públicos, analistas de grupos de interesse, assessores parlamentares, acadêmicos, pesquisadores e consultores.

   ( ) Os empreendedores de políticas podem integrar o governo ou situar-se fora dele e se caracterizam pelo conhecimento aprofundado de uma questão, pela habilidade em representar as ideias de outros indivíduos e manter conexões políticas consistentes.

( ) O clima nacional corresponde à força exercida por grupos de pressão, que atuam de forma a estimular ou contestar determinadas ideias, tornando o ambiente (des)favorável à tomada de decisão e elevando o custo durante seu processo de difusão.

Agora, assinale a alternativa que apresenta a sequência correta:
a. V, F, V, F.
b. V, V, F, F.
c. F, V, V, V.
d. V, F, F, F.
e. F, F, V, V.

2. O modelo do equilíbrio interrompido busca explicar por que as políticas públicas tendem a se manter constantes por muito tempo e intercalar curtos períodos de transformações significativas. Uma ideia central desse modelo é apresentada a seguir.

> Dinâmica de movimento do fluxo de informação de um subsistema de política pública dentro de uma estrutura existente, impactado por uma série de elementos, entre os quais se destacam as imperfeições do desenho organizacional das instituições públicas e as próprias particularidades da arquitetura cognitiva humana.

Assinale a alternativa que corresponde ao conceito descrito:
a. Forças de equilíbrio.
b. Forças de desestabilização e contágio.
c. Fricção institucional.
d. Atividade realizada pelo intermediador de políticas públicas (*policy broker*).
e. Atividade realizada pelo promotor de políticas públicas (*policy entrepreneur*).

3. Sobre os modelos teóricos de análise pós-positivistas de políticas públicas, assinale a alternativa **incorreta**:
   a. Os modelos pós-positivistas, ainda que não conformem um grupo homogêneo, contrapõem-se à visão do homem racional, que toma decisões com base fundamentalmente na análise de custos e benefícios.
   b. Nos modelos pós-positivistas, há uma valorização do papel do conhecimento e das ideias no processo de formação da agenda pública.
   c. Lindblom (1959) e Easton (1965), ainda que tragam inovações no campo da análise de políticas públicas, permanecem vinculados ao modelo do *policy cycle*.
   d. Embora não exista uma teoria formal única, as análises pós-positivistas partem do pressuposto comum de que não há um entendimento "objetivo" ou inquestionável dos problemas e das soluções políticas, como reivindicam os positivistas.
   e. Apenas as alternativas a, b e d estão corretas.

4. Ao analisar as coalizões de defesa que se formam na sustentação de pautas para a produção e a implementação de determinada política pública, o modelo de coalizão de defesa (Sabatier; Jenkins-Smith, 1999) entende que os atores são motivados a estabelecer uma relação cooperativa com os simpatizantes de suas ideias com base em um sistema de crenças organizado em três níveis. Relacione quais são esses três níveis e descreva como cada um deles é composto.

5. Os modelos teóricos de análise de políticas públicas denominados *lata de lixo* e *fluxos múltiplos* apresentam certa convergência de leitura, partindo de alguns pressupostos similares. Entre eles, há uma questão central, que une esses dois modelos. Descreva qual é o elemento comum e, na sequência, explique de que forma a abordagem desse elemento se diferencia entre os dois modelos.

Questão para reflexão

1. Considere a recente aprovação da Reforma da Previdência, que envolveu um processo conflituoso de negociação e arranjo de atores políticos e de grupos de interesse. Com base em pesquisas de notícias em jornais e na internet, procure identificar as coalizões de interesse formada ao redor desse tema, elencando as principais crenças de cada um dos grupos a partir dos três níveis. Diante do quadro elaborado, reflita sobre o potencial do modelo de coalizões de defesa no auxílio à análise cotidiana do campo de políticas públicas.

✦ ✦ ✦

capítulo quatro

Políticas públicas no Brasil: tópicos de reflexão

Conteúdos do capítulo:

+ O contexto institucional de implementação de políticas públicas no Brasil.
+ A gestão de políticas públicas no cenário nacional.
+ Estudos de caso de políticas públicas setoriais.

Após o estudo deste capítulo, você será capaz de:

1. averiguar os principais elementos envolvidos no processo de formulação e gestão de políticas públicas no contexto brasileiro;
2. aprofundar seus conhecimentos sobre as políticas de desenvolvimento urbano;
3. analisar o desenvolvimento social e rural no panorama contemporâneo.

De forma a resgatar os conceitos trabalhados ao longo do livro e ilustrá-los a partir de casos específicos do contexto brasileiro, neste capítulo, optamos por eleger três políticas setoriais – desenvolvimento urbano, desenvolvimento social e desenvolvimento rural – para que possamos analisá-las de forma transversal, desde suas principais características. Distante de realizar uma discussão profunda, o que nos levaria a, pelo menos, produzir mais um livro para cada temática, buscamos trazer elementos de reflexão e perspectivas analíticas para disponibilizar a você uma aproximação com esses temas.

Ao mergulharmos em casos concretos, os conceitos articulam-se, e, com isso, você será capaz de visualizar diversos elementos aqui estudados, bem como enxergar a maneira pela qual a perspectiva pós-positivista e os modelos analíticos instrumentalizam a leitura que se faz da situação. Propositalmente, não realizamos a análise segundo um ou outro modelo teórico, mas procuramos organizar uma descrição ampla e consistente de cada política setorial, a partir da qual você será convidado a interagir com o material e a produzir uma leitura estruturada segundo um modelo específico.

Dessa forma, o capítulo está organizado de acordo com a estrutura formal das políticas públicas, recurso que nos permite explicar de forma mais clara seu processo constitutivo. Segundo essa estrutura formal, existem quatro níveis sequenciais, quais sejam:

1. As **políticas públicas**, nas quais a ação pública toma forma, definindo grandes diretrizes, objetivos, metas e fontes de recursos.
2. Os **planos**, que, embasados em grandes políticas públicas, estabelecem diretrizes e objetivos para determinado recorte espacial e temático, organizando a atuação pública em uma sequência temporal e por prioridades.

3. Os **programas**, que tratam de temas ou áreas geográficas mais específicas, definindo as atividades que concretizam uma realização ou transformação pretendida, com identificação clara de público-alvo, equipe técnica e recursos financeiros envolvidos.
4. Os **projetos**, que congregam atividades concatenadas, as quais, depois de concluídas, possibilitam o alcance de uma situação específica inserida em uma problemática mais ampla, contando com escopo, tempo e resultados claros.

Partir dessa estrutura formal não significa que tenhamos abandonado a perspectiva pós-positivista previamente adotada neste livro, somente escolhemos um formato de organização do pensamento a fim de garantir uma coerência ao conteúdo tratado neste capítulo. Também não se buscará construir uma narrativa sequencial dos diferentes níveis, mas discutir os temas com base nos elementos centrais. Como você poderá constatar, mesmo explicitando os elementos de forma mais descritiva, que emerge, algumas vezes e de maneira evidente, algo de implícito dos conflitos e das interações entre os diferentes atores.

4.1 Políticas de desenvolvimento urbano no Brasil

Tratar das políticas urbanas no Brasil envolve adentrar em um tema de estudo complexo, no qual interagem diferentes atores e grupos que enxergam a cidade a partir de seus interesses. Nessa dinâmica, devemos lembrar também que há um conjunto de atores que tem maior capacidade de influência sobre os governos locais, impactando decisivamente os rumos da política de desenvolvimento urbano.

> *Para saber mais*
>
> Considerando o caso de São Paulo, Eduardo Marques discute o que ele conceitua como *políticas do urbano*, tratando de como, por que e por quem são realizadas modificações nas diferentes políticas que se materializam no espaço da cidade.
> MARQUES, E. (Org.). **As políticas do urbano em São Paulo**. São Paulo: Unesp, 2018.

É importante ressaltar, de início, as restrições intrínsecas ao tema, ou seja, a necessidade de realizar recortes temporais e analíticos para que o assunto possa ser abordado de forma ampla. Assim, o estudo das políticas urbanas no Brasil está organizado em dois momentos. Inicialmente, traremos uma leitura sintética do tema, desde a década de 1970 até os anos 2000, depois, contextualizaremos o cenário atual, que corresponde aos anos de 2000 a 2020.

4.1.1 Leitura histórica das políticas urbanas no Brasil (1970-2000)

Para organizar, de forma sintética, uma leitura histórica das políticas de desenvolvimento urbano no Brasil, é necessário estabelecer um recorte de estudo. Assim, neste livro, optamos por iniciar a análise na década de 1970, a partir de quando se consolida a transformação demográfica no Brasil e a população passa a residir majoritariamente nas áreas urbanas. Um segundo recorte realizado é de natureza temática, de forma a agrupar momentos em que há relativa permanência de instrumentos e discursos. Portanto, com base nesses critérios, propomos a divisão das políticas de desenvolvimento urbano no Brasil em quatro períodos.

É importante destacar que não pretendemos aqui discorrer de forma profunda nem alcançar uma precisão temporal de dias e meses, mas enxergar grandes compartimentos temporais, motivo pelo qual adotamos a divisão por décadas. A adoção desse artifício, que sabidamente leva a uma simplificação da realidade, auxilia-nos a tratar da essência e dos princípios básicos que nortearam a atuação governamental desde a formatação de um Brasil efetivamente urbano. Dessa forma, no primeiro período, entre 1970 e 1980, observamos uma **atuação tecnocrática e centralizadora** na política urbana, capitaneada pelo regime militar. Em termos urbanos, em razão do acelerado processo de urbanização não acompanhado de uma estrutura adequada, diversos desafios emergiram nas cidades, essencialmente relacionados à carência de infraestrutura sanitária, de transporte público e de moradia. Esse processo ocorreu de forma desigual e polarizada nas principais capitais estaduais, nas quais o expressivo ritmo de crescimento levou à formação de manchas urbanas de elevada interdependência socioambiental. A intensa expansão urbana também acarretou um processo informal de acesso ao solo, fortalecendo um mercado imobiliário caracterizado pela falta de garantia da posse da terra, que, em última instância, expressa as desigualdades sociais brasileiras (Moura et al., 2004; Gouvêa, 2005; Teixeira, 2005).

Institucionalmente, para fazer frente às múltiplas demandas, em 1964 foi criado o Banco Nacional de Habitação (BNH), vinculado ao Serviço Federal de Habitação e Urbanismo (SERFHAU), órgão federal encarregado de também promover a elaboração de Planos Diretores Municipais, com os quais se pretendia garantir o ordenamento territorial urbano. Com base em uma visão tecnicista, esse trabalho tinha uma demanda padronizada e centralizadora, sem a participação da população local e, por vezes, nem mesmo dos técnicos municipais. Muitos desses planos constituíram, de fato, meros documentos que justificavam investimentos setoriais junto ao BNH* (Maricato, 2000; Vainer, 2003). Após a extinção do SERFHAU em 1974, o BNH concentrou todas as atividades vinculadas ao fomento do desenvolvimento urbano no país, com foco em projetos de larga escala relativos à construção de conjuntos de habitação popular e implantação de infraestruturas de saneamento básico (Monte-Mór, 2008; Bonduki, 2008). Alinhado aos princípios de gestão do governo federal, Ultramari e Rezende (2006) identificam em âmbito local uma gestão administrativa das cidades, voltada ao provimento de serviços e infraestruturas básicas.

Na esteira desse processo, chegamos ao segundo período, entre 1980 e 1988, que ficou conhecido como *a década perdida para a política urbana*. No contexto histórico, destaca-se o esgotamento do modelo de desenvolvimento implementado pelo regime militar, que desencadeou um processo inflacionário levando o país a um período de profunda recessão. No campo da política urbana, isso significou a redução dos investimentos em infraestrutura urbana e, de forma conjunta, uma dificuldade ainda maior ao acesso à moradia para a parcela mais pobre da população, conduzindo a uma expansão significativa de favelas e loteamentos informais nas principais cidades do país (Baltrusis; D'Ottaviano, 2009; Cymbalista; Moreira, 2006).

Com o enfraquecimento do modelo centralizador do Estado e o processo de redemocratização do país, abriu-se espaço para importantes transformações, com a formação de vários movimentos sociais, com destaque para o Movimento Nacional pela Reforma Urbana, que tinha como pauta a luta pelo direito à cidade e à moradia digna. Com relação à política urbana, identificamos nesse período

✦ ✦ ✦

* Ainda, vale destacar que a Política Nacional de Desenvolvimento Urbano foi instituída em 1973 e baseada em uma abordagem setorializada, a partir da qual se estruturam os investimentos nas áreas de saneamento básico, transporte e habitação.

uma indefinição. Com a extinção do BNH em 1986, houve redução no nível de investimentos, bem como a desestruturação do arranjo institucional de apoio ao financiamento (Rolnik, 2009).

Diante do vácuo de políticas federais, observamos um movimento de governos locais em busca de novas estratégias de intervenção nas cidades, não somente em razão da escassez de recursos, mas também em virtude do agravamento das questões sociais. Assim, a gestão das cidades passa de uma simples ação administrativa de provimento de infraestruturas para um modelo que buscou o desenvolvimento integral da cidade, gerando, portanto, a figura do **gestor urbano** (Ultramari; Rezende, 2006). Alinhado a essa tendência, Arantes (2006) destaca a postura adotada pelo Banco Mundial, que passou a intervir de forma ativa nas cidades, exigindo mudanças na Administração municipal como contrapartida para a obtenção de financiamentos. Tal leitura é reforçada por relatórios oficiais da própria agência multilateral.

> [Há] uma dependência cada vez menor da participação federal, uma redução gradual de doações e uma crescente disposição em levantar empréstimos por parte dos municípios. [...] O Banco continua disposto a apoiar os esforços do Brasil a fim de fortalecer a capacidade institucional e financeira para administrar o crescimento urbano rápido. (World Bank, 1990, p. 11, tradução nossa)

Nesse período, foram desenvolvidas, em diferentes municípios brasileiros, iniciativas embrionárias de regularização fundiária e urbanização de favelas em escala local, sendo recorrente também mutirões de autogestão comunitária. Segundo Baltrusis e D'Ottaviano (2009), esses programas de urbanização iniciados na década de 1980 estavam calcados em dotações orçamentárias com apoio de recursos internacionais e ocorreram de forma dispersa em algumas cidades.

Passando ao período seguinte, entre 1988 e 2000, a escala local consolidou-se como lócus privilegiado de atuação da política urbana. Com a consolidação do processo de redemocratização no Brasil, observaram-se progressos no campo da política urbana, particularmente na área do direito à moradia. A inclusão de um capítulo sobre a política urbana na Constituição Federal de 1988 – proclamando a gestão democrática da cidade e a função social da propriedade – e a corresponsabilização dos municípios na promoção de políticas setoriais estimularam uma miríade de programas e projetos, sobretudo na escala local (Rolnik, 2009). Complementarmente, a Constituição de 1988 delegou à União a responsabilidade pelas diretrizes da Política Nacional de Desenvolvimento Urbano, estabelecendo ainda a obrigatoriedade da elaboração de Planos Diretores Municipais para todos os municípios com população superior a 20 mil habitantes.

No campo da gestão urbana, partindo da lógica de reforma do Estado (tópico abordado no Capítulo 1), o papel do Estado foi significativamente reduzido, e os municípios passaram a disputar entre si investimentos de indústrias multinacionais e recursos disponíveis junto às agências multilaterais. Diante desse cenário, as cidades procuravam atributos que as diferenciasse das demais (ampliando a competitividade), sendo recorrente a adoção do planejamento estratégico e de ações de *city marketing*, com vistas a consolidar uma boa imagem do lugar (Vainer, 2000; 2003).

Nesse período, é possível verificar uma série de programas de urbanização de assentamentos urbanos precários voltados não apenas à requalificação do espaço construído, mas também à melhoria da imagem da cidade. Nesse momento, era recorrente a execução de planos e programas locais com a utilização de empréstimos internacionais, ainda com a promoção

> Entre 1988 e 2000, a escala local consolidou-se como lócus privilegiado de atuação da política urbana.

de mutirões autogestionários. Para Bonduki (2008), a década de 1990 representou uma nova fase de enfrentamento da questão habitacional, denominada pelo autor como *pós-BNH*. Muitos dos programas implantados adotaram uma postura de vanguarda, ampliando o entendimento do déficit habitacional: a demanda qualitativa somou-se ao déficit quantitativo, sendo reconhecida a necessidade de integração entre as políticas urbana, fundiária e de saneamento.

Em âmbito nacional, essa questão foi abordada pela primeira vez em 1996, com a elaboração da Política Nacional de Habitação, na qual foram incluídos diversos programas, com destaque para o Pró-Moradia e o Programa de Arrendamento Residencial (PAR). Entretanto, apesar das inovações promovidas, a nova política não logrou êxito, situação agravada pela redução da capacidade de investimento em razão do ajuste fiscal empreendido no final da década de 1990. É nesse contexto histórico que os anos 2000 iniciam e conformam, em uma perspectiva ampla, um novo ciclo de políticas urbanas no Brasil. Apresentaremos suas principais características e instrumentos a seguir.

4.1.2 O panorama contemporâneo das políticas urbanas no Brasil (2000-2020)

A primeira década do século XXI tem importância central no estudo da política urbana no Brasil contemporâneo, tendo em vista a institucionalização de uma série de políticas públicas em nível federal, acompanhado de formatação institucional e direcionamento de recursos para a área. Pode ser considerado como o primeiro marco do período a aprovação do Estatuto da Cidade (Lei n. 10.257, de 10 de julho de 2001), que delineou diretrizes e mecanismos de cumprimento da função social da cidade e da propriedade, balizados na participação popular e viabilizados com base em uma série de instrumentos urbanísticos (Brasil, 2001).

Com a aprovação do Estatuto da Cidade, observou-se uma transformação da atuação do governo federal, que passou a promover um modelo descentralizado e participativo de política urbana. De início, criou-se, em 2003, um órgão de coordenação da política de desenvolvimento urbano no país, o Ministério das Cidades, integrando as diferentes políticas setoriais relacionadas ao tema.

O Plano Diretor continua sendo o instrumento básico da política urbana, mas agora denominado *Plano Diretor Participativo* (PDP), adotando um formato calcado nos princípios da participação popular e gestão democrática. Cabe ao PDP estabelecer estratégias para o cumprimento da função social da cidade e da propriedade*, definindo também os instrumentos urbanísticos necessários para seu alcance. O rol de casos em que é obrigatória a elaboração dos planos diretores aumentou, passando a contemplar: municípios integrantes de regiões metropolitanas, municípios de especial interesse turístico, municípios situados na área de influência de empreendimentos ou atividades de significativo impacto ambiental regional ou nacional e, por fim, os municípios que pretendem utilizar os instrumentos urbanísticos previstos no Estatuto da Cidade (Brasil, 2001).

Com vistas a garantir a efetivação desse modelo, o Ministério das Cidades forneceu apoio financeiro aos municípios para a realização dos planos diretores, além disso promoveu a capacitação de gestores públicos e da sociedade civil, a fim de disseminar a nova concepção, o escopo e a importância da participação popular.

Ao esforço do governo federal de indução da elaboração de PDPs, seguiu-se a regulamentação de uma série de políticas setoriais

✦ ✦ ✦

* Aqui há um conceito importante para o campo da política urbana e, por isso, exige explicação: a função social da propriedade. Conforme definido no próprio Estatuto da Cidade: "Art. 39. A propriedade urbana cumpre sua função social quando atende às exigências fundamentais de ordenação previstas no plano diretor, assegurando o atendimento das necessidades dos cidadãos quanto à qualidade de vida, à justiça social e ao desenvolvimento das atividades econômicas" (Brasil, 2001).

relacionadas às políticas urbanas: Política Nacional de Habitação (2004), Lei dos Consórcios Públicos (2005), Política Nacional de Saneamento Ambiental (2007), Política Nacional de Resíduos Sólidos (2010), Política Nacional de Mobilidade (2012), Política Nacional de Proteção e Defesa Civil (2012) e Estatuto da Metrópole (2015). Para cada uma delas houve a previsão legal de obrigatoriedade de planos específicos nos três níveis federativos. Esperava-se que a consolidação do processo de elaboração dos planos diretores e dos diferentes planos setoriais fornecesse aos municípios o instrumental técnico necessário para pautar a política urbana local a curto, médio e longo prazos.

Ainda, a partir de 2007, verificou-se um massivo aporte de recursos públicos sobre o contexto urbano, capitaneado pelo Programa de Aceleração do Crescimento (PAC), um plano de ação estratégico que buscou incentivar o investimento privado por meio da ampliação do investimento público em infraestrutura e remoção de obstáculos ao crescimento econômico, concentrando R$ 657 bilhões investidos apenas no primeiro ciclo – PAC 1 (2007-2014) –, posteriormente complementado por um segundo ciclo – PAC 2 (2015-2018). Na sequência, em 2009, ocorreu o lançamento do Programa Minha Casa, Minha Vida (PMCMV), centrado na promoção da moradia por meio de subsídio a demandas e apoio ao setor da construção civil.

Os resultados obtidos por esse contínuo de institucionalização de políticas públicas setoriais e de promoção de programas de investimentos federais são contraditórios. Em termos formais, essa contradição está evidenciada no amplo processo de incorporação de princípios e diretrizes do Estatuto por meio da elaboração de Planos Diretores. Dados recentes do Instituto Brasileiro de Geografia e Estatística (IBGE, 2006) apontam que aproximadamente 90% dos municípios brasileiros com população superior a 20 mil habitantes têm Plano Diretor Municipal.

Contudo, com relação aos avanços efetivos, diferentes pesquisas (ver, por exemplo, Rainer, 2007; Santos Jr.; Montandon, 2011) apontam para uma série de limitações estruturais vinculadas, sobretudo, à baixa capacidade de autoaplicação – plano meramente discursivo – e à fragilidade no processo de implementação e regulamentação – incapacidade de superar práticas tradicionais de prevalência de interesses do mercado imobiliário sobre a produção do espaço urbano.

De forma semelhante, uma série de estudos demonstram os problemas de implementação do PMCMV, entre os quais se destacam a recorrência de grandes conjuntos em áreas periféricas sem adequada infraestrutura e a elevação do custo da terra urbanizada, que, sem instrumentos de gestão social da valorização da terra, inviabilizou empreendimentos em áreas centrais, gerando uma simples transferência dos subsídios públicos para o mercado (Cardoso; Aragão; Jaenisch, 2017; Nascimento Neto; Moreira, 2017; Royer, 2014).

Mais recentemente, em um cenário de redução da disponibilidade de recursos públicos na esfera federal, ocorreu também a extinção do Ministério das Cidades, que teve suas funções absorvidas pelo Ministério do Desenvolvimento Regional (MDR). O volume investido no âmbito do PMCMV também diminuiu, momento em que a mídia anunciou sobre a falta de recursos para a continuidade do programa nos moldes até então vigentes. Assim, considerando-se esse novo horizonte, novas propostas de ações surgiram, ainda que não estruturadas ou implementadas, entre as quais se destaca o anúncio de *vouchers* como solução habitacional (Furlan, 2019), que foi posteriormente suplantado pela proposta de um programa de parceria com a iniciativa privada para a construção de habitação social em terrenos da União (Caram; Brant, 2020). Ainda sem uma definição concreta, permanecem dúvidas sobre os novos contornos da política de habitação no Brasil.

De forma semelhante, vale destacar a tramitação do Projeto de Lei n. 4.162/2019 (Brasil, 2019a) relativo à alteração do marco regulatório da Política de Saneamento no Brasil. Aprovado recentemente na Câmara dos Deputados, esse projeto de lei, que aguarda votação no Senado Federal, propõe uma alteração substancial no formato de contratação, ampliando a participação da iniciativa privada na prestação dos serviços de saneamento básico em um formato que, na avaliação da Associação Brasileira de Engenharia Sanitária e Ambiental (Melo, 2019) pode gerar insegurança jurídica nos contratos de programa vigentes, bem como comprometer os avanços já obtidos no setor.

Diante do contexto delineado, percebemos que o panorama atual corresponde a um momento de inflexão que tende a formatar um novo ciclo de políticas urbanas no Brasil, para o qual as modificações ainda estão em curso e não permitem captar de forma precisa em que direção seguirão.

4.2 Políticas de desenvolvimento rural no Brasil

Ao adentrarmos neste tópico, um desafio inicial nos é imposto. Ele envolve a própria definição de **desenvolvimento rural**, já que, ao tratarmos das políticas públicas voltadas a esse tema, buscamos compreender de que forma o Estado atua sobre ele. Em outras palavras, isso significa perguntar: Em que o Estado se concentra quando trata do desenvolvimento rural? O que entendemos por *rural*?

Esses questionamentos nos convidam a refletir por diferentes frentes de estudo. Podemos caminhar, por um lado, em direção ao rico campo de discussão conceitual sobre o que seja *rural*. Em contraposição a um entendimento ultrapassado, o *rural* já não é visto como contraponto de urbano, mas sim como um espaço de atividades variadas em que as dimensões sociais e ambientais também importam, condensando uma rede de relações que extrapola a simples atividade agropecuária (Abramovay, 2003). Aqui também surgem definições complementares, como *rururbano*. Ainda, podemos direcionar nossa atenção ao extenso volume de estudos relacionados à discussão de desenvolvimento territorial como base da ação pública.

Sem a pretensão de simplificar as discussões em torno do tema, adotamos, neste livro, uma definição mais instrumental, a fim de nos concentrarmos na dimensão aplicada. Assim, embora reconheçamos a natureza multifacetada do conceito, entendemos as políticas de desenvolvimento rural como um conjunto de ações articuladas que "visam induzir mudanças socioeconômicas e ambientais no âmbito do espaço rural para melhorar a renda, a qualidade de vida e o bem-estar das populações rurais" (Schneider, 2004, p. 98), não se restringindo apenas ao fortalecimento de cadeias produtivas do agronegócio, mas reconhecendo a multiplicidade de funções e atividades que ocorrem nos estabelecimentos rurais (Ortega, 2008).

Ortega (2008; 2016) esclarece que, nessa abordagem, as ações do Estado brasileiro têm se dirigido para os **territórios economicamente deprimidos**, caracterizados por municípios com baixos níveis de desenvolvimento, de indicadores sociais e de capacidade institucional, nos quais se buscam a inserção em mercados (de diferentes escalas), a geração de um ambiente propício à inovação produtiva e a formação de uma governança local, baseada em um pacto territorial com os atores locais.

Ao tratarmos desse tema no cenário brasileiro, a década de 1990 é considerada um importante marco histórico. Esse recorte temporal é amplamente reconhecido pela literatura como um momento de transformação nas políticas implementadas no âmbito rural do país, que passam a adotar o território como unidade básica de atuação do Estado. Isso ocorre por uma série de fatores, entre os quais destacamos: (1) a transformação da natureza das atividades empreendidas na área rural, as quais passam a ser entendidas como espaço, e não como atividade; (2) o processo de globalização e seu impacto sobre as dinâmicas produtivas locais, irrompendo os limites municipais como recorte de planejamento; (3) a modificação do papel do poder público nos espaços rurais, com a perda de centralidade em detrimento da participação da sociedade e ONGs; (4) a agenda de desenvolvimento local promovido pelo Banco Mundial; e (5) a emergência da questão do desenvolvimento sustentável, consubstanciando pela realização da Conferência da Eco-92 no Rio de Janeiro (Schneider, 2004; Ortega, 2016; Bianchini, 2015).

É neste contexto que, em 1995, foi criado o Programa Nacional de Fortalecimento da Agricultura Familiar (Pronaf), que buscava apoiar agricultores familiares por meio de linhas de crédito e de capacitação. Esse programa, que perpassou diferentes governos, existe até hoje e, atualmente, é gerido pelo Banco Nacional de Desenvolvimento Econômico e Social (BNDES) (Brasil, 2020a), voltando-se a cooperativas agropecuárias e produtores rurais, com a oferta de empréstimos com taxas de juros que podem chegar a 0,5% ao ano, a depender do enquadramento do beneficiário. Conforme dados compilados por Bianchini (2015), ao longo de duas décadas, o programa investiu cerca de R$ 160 bilhões em mais de 27 milhões de contratos.

Com a criação do Ministério do Desenvolvimento Agrário, em 2000, o programa, até então de responsabilidade do Ministério da Agricultura, Pecuária e Abastecimento (Mapa), passou a ser gerido pela nova pasta. Com essa mudança, o Pronaf se consolidou não apenas como programa de apoio às atividades agrícolas, mas sobretudo como programa de apoio à pluriatividade, incluindo atividades como turismo e artesanato (Brasil, 2020b).

Para os fins assumidos neste livro, destacamos a linha de crédito voltada à estruturação territorial – Pronaf Infraestrutura e Serviços. Sua implementação estava vinculada à estrutura de planejamento e gestão local – Plano Municipal de Desenvolvimento Rural Sustentável e Conselho Municipal de Desenvolvimento Rural –, a partir dos quais os recursos seriam disponibilizados. Com isso, pretendia-se não apenas melhorar a infraestrutura propriamente dita, mas fortalecer as articulações entre os atores, promover a concertação de arranjos de gestão e descentralizar as políticas públicas (Ortega; Cardoso, 2002; Bianchini, 2015).

A despeito da importância do Pronaf no contexto das políticas de desenvolvimento rural no Brasil, outras duas experiências posteriores também devem ser destacadas, a saber: o Programa Nacional de Desenvolvimento Sustentável dos Territórios Rurais (Pronat) e o Programa Territórios da Cidadania (PTC). Sua emergência no cenário nacional está relacionada à adoção definitiva da abordagem territorial na consecução das políticas públicas no espaço rural, reconhecendo o território a partir de suas múltiplas dimensões constitutivas (espaço socialmente construído) que extrapola os limites administrativos municipais e considera os recortes espaciais vinculados aos laços de proximidades entre pessoas e grupos sociais.

Assim, o Pronat, criado em 2003 com base na experiência de implementação do Pronaf, é considerado o primeiro programa que se utiliza da abordagem de desenvolvimento territorial rural de forma efetiva. De acordo com Ortega (2016, p. 35),

> além do caráter intermunicipal, implícita ou explicitamente, o rural passou a ser apreendido como espaço, [...]. De outro lado, por tomarem o conjunto do município como referência para suas ações, seus espaços urbanos também deveriam ser contemplados. Nesse sentido, o desafio proposto era a superação da velha dicotomia rural-urbana utilizada na formulação das políticas públicas.

Alinhado a essas transformações, o Pronaf-Infraestrutura se converteu em uma das ações do Pronat, alterando sua denominação para *Projetos de Infraestrutura e Serviços em Territórios Rurais* (Proinf). Com essa alteração, mudou também a forma de gestão dos recursos, que passou a ser organizada não mais por municípios, mas por agrupamentos de municípios, alçando a escala intermunicipal (chamados de *territórios rurais*). Com isso, passou-se a exigir a formação de Colegiados de Desenvolvimento Territorial (Codeter), envolvendo diversos municípios, com a conversão do instrumento de planejamento, prevendo a elaboração de um Plano Territorial de Desenvolvimento Rural Sustentável (PTDRS), construído pelo conjunto de municípios que compunha cada delimitação territorial (Ribeiro; Andion; Burigo, 2015; Tarsitano; Sant'Ana; Araújo, 2013).

Essa experiência passou, em 2008, por transformações, convertendo-se no que então se denominou *Territórios de Cidadania* (PTC). A alteração de denominação foi acompanhada de mudanças no formato de implementação, ajustando o escopo para a inclusão produtiva das populações pobres com foco nos territórios deprimidos*, nos quais se buscou articular diferentes políticas públicas, que, juntas, totalizaram 135 ações organizadas em três eixos estruturantes: (1) apoio às atividades produtivas, (2) cidadania e direito e (3) infraestrutura.

A despeito das particularidades, há, de fato, uma ampliação de programas anteriores com frentes semelhantes de ação. Para Ortega (2016), a grande diferença do PTC em relação aos seus antecessores está na articulação de políticas setoriais diversas, até então implementadas de forma fragmentada.

> Os Territórios da Cidadania, portanto, por sua concepção e gerenciamento, diferem de outros programas de enfoque territorial por não se limitarem a enfrentar problemas específicos com ações dirigidas. Pretendia, em seu lançamento, articular diferentes ações para promover o desenvolvimento, em que as ações governamentais tivessem um papel mais intervencionista que aquele

✦ ✦ ✦

* Os territórios deprimidos correspondem àqueles com baixos níveis de indicadores sociais, expressos por uma série de métricas, entre as quais os índices de desenvolvimento humano (IDH) e de desenvolvimento econômico, a concentração de agricultores familiares e assentados de reforma agrária, bem como o número de beneficiários do Programa Bolsa Família.

> da criação dos Territórios Rurais, fundamentalmente de indução da constituição dos arranjos socioprodutivos territoriais. (Ortega, 2016, p. 45)

Quanto à implementação, observamos um modelo mais centralizado que aqueles adotados no Pronat e no Pronaf. Conforme estabelecido pelo Decreto n. 11.503, de 25 de fevereiro de 2008, a implementação dos Territórios da Cidadania envolveu a criação de um Comitê Gestor Nacional e um Grupo interministerial de Execução e Acompanhamento, que reuniram vinte e três ministérios e secretarias (Brasil, 2008). Com esse formato organizacional, observamos uma alteração substancial na política de desenvolvimento rural até então vigente, que passa a prever o fortalecimento de ações "de cima para baixo" (*top-down*). Somou-se à essa estrutura a constituição de Comitês de Articulação Estaduais, em um esforço para mobilizar colegiados, promover a integração entre as ações dos diferentes níveis federativos e acompanhar de forma mais próxima a execução do programa.

Dados compilados por Kronemberger, Guedes e Tenório (2018) apontam que o programa foi responsável pela formação de 120 territórios, englobando 33% dos municípios brasileiros e 46% da população rural em âmbito nacional, constituindo uma política pública de significativo alcance no país.

Nos últimos anos, em um cenário de transição de governo, restrição de recursos, reforma administrativa do Estado e revisão das ações e dos programas vigentes, adentra-se em uma perspectiva de encerramento do PTC. Embora o decreto responsável por criar o programa ainda permaneça vigente, o Decreto n. 9.874, de 27 de junho de 2019, revogou os artigos relativos ao respectivo Comitê Gestor, ao Grupo Interministerial de Execução e aos comitês de articulação estadual

(Brasil, 2019b), não sendo claro os futuros encaminhamentos sobre o programa, que, desde 2017, não apresenta despesas executadas (Brasil, 2020c) sendo "praticamente excluída da agenda do governo federal" desde a extinção do Ministério do Desenvolvimento Agrário (MDA) em 2016 (Costa, 2019).

Na esteira desse processo, dois pontos merecem atenção, pois, ainda que não consolidados, apontam para os rumos das políticas públicas de desenvolvimento rural no Brasil contemporâneo. O primeiro deles é o Programa Brasil Mais Cooperativo, criado pela Portaria n. 129, de 4 de julho de 2019, voltado a apoiar o cooperativismo e o associativismo rurais por meio da oferta de assistência especializada, da formação técnica e da qualificação da gestão e comercialização em diferentes mercados (Brasil, 2019d). Sem desconsiderar a relevância do programa e dos esforços despendidos, observamos que, ao menos até o momento, a dimensão territorial, no que tange tanto ao modelo de gestão quanto aos investimentos em infraestrutura, perdeu espaço em detrimento da concentração de ações no apoio à atividade produtiva.

O segundo ponto de destaque é o Projeto de Lei n. 6.904, de 13 de fevereiro de 2017, que propõe a instituição da Política de Desenvolvimento do Brasil Rural (PDBR) (Brasil, 2017a). Atualmente em trâmite no Congresso Nacional, o referido projeto de lei indica a regulamentação do território, socialmente construído e dinâmico, como unidade de planejamento e execução de ações, definindo critérios para sua delimitação, mecanismos de gestão e princípios e diretrizes a serem observados. Trata-se de relevante instrumento normativo que poderá consolidar a abordagem territorial como política de Estado na concepção e na implementação de políticas de desenvolvimento rural.

4.3 Políticas de desenvolvimento social no Brasil

O estudo de políticas de desenvolvimento social aponta para dois conceitos importantes: *desenvolvimento* e *políticas sociais*. Conforme esclarecem Castro e Oliveira (2014, p. 22-23), desenvolvimento pode ser entendido como "a capacidade de determinada sociedade superar os entraves a realização de suas potencialidades", ao passo que as políticas sociais são constituídas pelo "conjunto de políticas, programas e ações do Estado que se concretizam na garantia da oferta de bens e serviços, nas transferências de renda e na regulação de elementos do mercado".

Nesse contexto, Souza (2018) e Cronemberger e Teixeira (2015) lembram que os direitos sociais foram reconhecidos apenas a partir da Constituição Federal de 1988 (Brasil, 1988), estabelecendo-se aí um marco histórico para esse campo, no qual se destacam a universalização do acesso à saúde, o caráter redistributivista assumido e o reconhecimento da assistência social como direito, rompendo com a tradição assistencialista.

Essencialmente, podemos dividir as políticas sociais de acordo com seu objetivo em duas tipologias: as políticas de **proteção social** e as políticas de **promoção social**. A proteção social está relacionada com a seguridade social, baseada na ideia da solidariedade com grupos em situações de vulnerabilidade, seja por incapacidade de subsistir que extrapole sua vontade individual, seja por vulnerabilidades outras (decorrentes da idade, de acidentes etc.). Já a promoção social tem relação com a geração de oportunidades iguais para grupos sociais, buscando expandir a oferta de bens e serviços sociais (sendo a oferta de educação e saúde itens centrais) e políticas de inclusão produtiva.

De forma a compilar o extenso conjunto de políticas públicas sociais desenvolvidos pelo Estado, Castro e Oliveira (2014) constroem um quadro de relações (Figura 4.1) no qual podemos identificar a complexidade de elementos e temas. Em síntese, ao tratar de políticas sociais, poderíamos estudar previdência social, políticas de saúde, assistência social, infraestrutura social (relacionadas à moradia e à infraestrutura), trabalho e renda, educação, cultura e desenvolvimento agrário, conectando a elas, ainda, a pauta das agendas transversais, que percorrem todas as demais.

Figura 4.1 – Políticas setoriais e transversais da política social brasileira

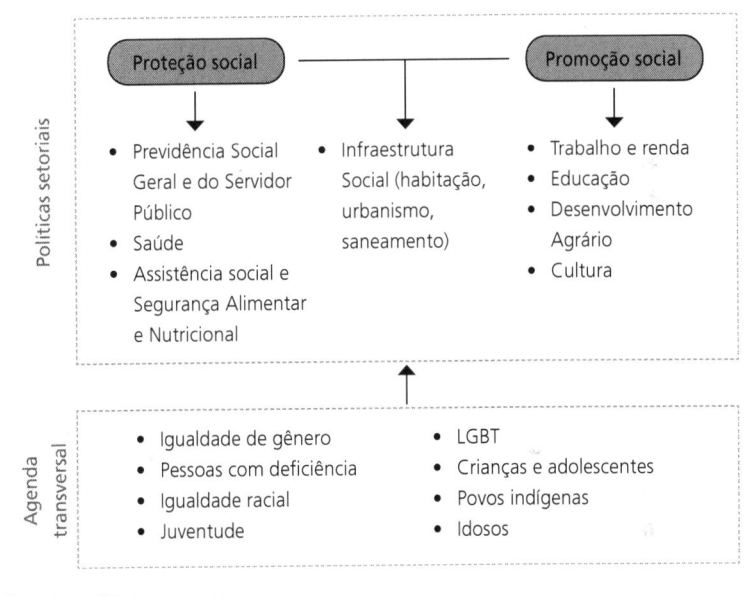

```
                    ┌─────────────────┐        ┌─────────────────┐
                    │ Proteção social │────────│ Promoção social │
                    └─────────────────┘        └─────────────────┘
                            ↓                          ↓
Políticas    • Previdência Social    • Infraestrutura      • Trabalho e renda
setoriais      Geral e do Servidor     Social (habitação,  • Educação
               Público                 urbanismo,          • Desenvolvimento
             • Saúde                   saneamento)           Agrário
             • Assistência social e                        • Cultura
               Segurança Alimentar
               e Nutricional
                                          ↑
Agenda       • Igualdade de gênero      • LGBT
transversal  • Pessoas com deficiência  • Crianças e adolescentes
             • Igualdade racial         • Povos indígenas
             • Juventude                • Idosos
```

Fonte: Castro; Oliveira, 2014, p. 28.

Diante do cenário multidimensional, efetuamos, neste livro, mais um recorte de estudo quando decidimos focalizar as políticas de garantia de renda na modalidade de transferência direta, especificamente no que tange ao Programa Bolsa Família, o "carro chefe" da política social brasileira, conforme descrito por Bichir (2010). Partindo da leitura da Figura 4.1, constatamos a inserção da assistência social no âmbito das políticas setoriais dirigidas às famílias em situação de grande vulnerabilidade social.

4.3.1 O programa Bolsa Família: uma perspectiva transversal

Em uma perspectiva histórica, as experiências embrionárias que deram origem ao Programa Bolsa Família (PBF) iniciaram-se no espaço temporal pós-Constituição Federal de 1988, em um primeiro momento com programas municipais de garantia de renda mínima. Posteriormente, em 1997, ocorreu a regulamentação, em nível federal, sobre a concessão de apoio financeiro aos municípios, seguido de outras atuações públicas tendo como principal ação criar o Programa Bolsa Escola (2001), que, junto a outros programas, conformou uma rede de proteção social (Draibe, 2003; Bichir, 2010).

Nesse contexto, a partir de 2003, com a mudança para o Governo Lula, houve a expansão da rede de assistência social inicialmente organizada pelo Governo Fernando Henrique Cardoso, tendo como marco a criação do Ministério do Desenvolvimento Social e o estabelecimento do Programa Bolsa Família.

Criado por uma medida provisória em 2003, posteriormente convertida na Lei n. 10.836, de 9 de janeiro de 2004, o Programa Bolsa Família (PBF) foi resultado da integração de quatro programas sociais anteriores criados ao longo de diferentes gestões – Bolsa Escola, Bolsa Alimentação, Auxílio Gás e Cartão Alimentação (Draibe, 2009; Brasil, 2004). Atualmente, diante das alterações na organização de ministérios em razão da mudança de governo ocorrida em 2019, a pasta responsável pelo programa é a Secretaria Especial do Desenvolvimento Social, situada dentro do Ministério da Cidadania.

Com relação às competências de cada ente federativo, ao governo federal cabe a responsabilidade pela gestão e operacionalização do programa, coordenando a implantação. Os governos estaduais são responsáveis pela coordenação intersetorial para o acompanhamento das condicionalidades e pela capacitação e apoio técnico aos municípios. Por sua vez, os municípios respondem pela gestão local do programa, pelo cadastramento e acompanhamento das famílias e pela articulação com as áreas de educação, saúde e assistência social (Brasil, 2019e).

Basicamente, o programa divide-se em duas vertentes. No formato de **benefício básico**, é pago um valor de R$ 89,00 a famílias extremamente pobres (renda mensal *per capita* de até R$ 89,00), e no **benefício variável**, podem participar famílias com renda mensal *per capita* entre R$ 89,00 e R$ 178,00, desde que tenham gestantes, nutrizes, crianças e adolescentes de até 17 anos. Para o acesso ao benefício, são exigidos o atendimento a alguns condicionantes, como frequência escolar de crianças e adolescentes e acompanhamento de saúde de nutrizes e grávidas. Esse é um dos pilares do programa, que se soma a outros dois: a transferência de renda *per si* e os programas complementares, voltados a ações básicas como vacinação, acompanhamento de desenvolvimento infantil e pré-natal (Brasil, 2015).

O programa, que já completou 16 anos de existência, vigora até hoje, constituindo-se, assim, como uma política de Estado, e não mais de governo. Essa transição está demonstrada na continuidade ao longo de diferentes gestões e grupos políticos, com pequenas modificações ou complementações, como os recentes anúncios oficiais envolvendo o pagamento do equivalente ao 13º salário para os beneficiários do programa (Marchesan, 2019) e a alteração da cobertura para um espectro de idade diferente.

Para Bichir (2010, p. 129),

> A despeito de todas as críticas e polissemias apontadas, é possível dizer que os programas de transferência de renda afirmam-se cada vez mais como política de Estado, e não de governo, o que reforça a importância de sua análise.
>
> [...]

> Considerando que pobreza e desigualdade são fenômenos complexos e multidimensionais, com forte persistência ao longo da história do país, não são autorizadas visões simplistas e ingênuas das políticas desenhadas para combatê-las. [...] Essas ações, por sua vez, devem ser ambiciosas, porém articuladas, uma vez que um único programa de transferência de renda não deve ter múltiplos objetivos, sob risco de ver muitos deles frustrados.

Dados do governo federal apontam que apenas entre janeiro de outubro de 2019 foram atendidas mais de 13,5 milhões de famílias, envolvendo um volume de recursos de R$ 26,1 bilhões (Brasil, 2019e). Rego e Pinzani (2013) evidenciam os resultados positivos obtidos com o que chamam de *maior programa de combate à pobreza do mundo*, promovendo, minimamente, um grau de autonomia aos benefícios e "ganhos de dignidade".

A transferência em dinheiro sem a vinculação obrigatória de gasto constitui, de fato, um importante instrumento de autonomia individual e política, pois, como advoga Rocha (2011, p. 133), "numa economia urbana e monetizada, dispor de renda monetária é condição de cidadania e que cabe ao beneficiário da transferência de cunho assistencial decidir quanto ao uso do benefício". Independentemente dos aspectos contraditórios encontrados no grande volume de pesquisas sobre o Programa Bolsa Família, a respeito de suas condicionalidades, seus impactos no mercado de trabalho ou no padrão de consumo das famílias, não podemos negar sua importância no contexto de um país marcado pela profunda desigualdade social.

Consultando a legislação

- Lei n. 10.257/2001, que dispõe sobre as diretrizes e os mecanismos de cumprimento da função social da cidade e da propriedade, balizados na participação popular e viabilizados por meio de instrumentos urbanísticos.

- Projeto de Lei n. 4.162/2019, que altera o marco regulatório da Política de Saneamento no Brasil.
- Decreto n. 11.503/2008, que institui o Programa Territórios da Cidadania.
- Decreto n. 9.874, de 27 de junho de 2019, que institui grupo de trabalho interministerial denominado *Ponto de Contato Nacional* para a implementação das Diretrizes da Organização para Cooperação e Desenvolvimento Econômico para as Empresas Multinacionais.
- Portaria n. 129, de 4 de julho de 2019, que institui o programa de governo Brasil Mais Cooperativo, define suas diretrizes, seus instrumentos de implementação e suas instâncias de gestão.
- Projeto de Lei n. 6.904, de 13 de fevereiro de 2017, que institui a Política de Desenvolvimento do Brasil Rural (PDBR).
- Lei n. 10.836, de 9 de janeiro de 2004, que cria o Programa Bolsa Família.

Síntese

A análise detida de casos concretos aprofunda a compreensão de conceitos e elementos teóricos abordados nos demais capítulos, além do tema ao qual nos dedicamos a este. Tratamos particularmente das políticas de desenvolvimento urbano, rural e social, procurando organizar a estrutura do texto de forma a subsidiar futuras análises.

Nesse sentido, como você pôde ver, a política urbana no Brasil se consolidou como um arcabouço estruturante somente a partir da aprovação do Estatuto da Cidade – Lei n. 10.257/2001. Com base nesse diploma legal, os princípios da função social da propriedade e da gestão democrática passaram a pautar a atuação pública, ao menos instrumentalmente.

Em uma parte significativa dos municípios brasileiros, são elaborados Planos Diretores, chegando a aproximadamente 90% de atendimento quando observados aqueles com mais de 20 mil habitantes.

Essa questão vem à tona de forma contundente ao contrapormos os resultados discursivos (planos elaborados) *versus* os resultados efetivos sobre a realidade. Há uma série de pesquisas que demonstram a baixa capacidade de o Plano Diretor funcionar como instrumento de promoção da função social da propriedade ou mesmo de democratização do processo decisório.

A cidade, para determinados atores e grupos econômicos, é um meio de produção de riquezas, engendrando, assim, processos de sujeição do solo urbano ao *lobby* imobiliário. Isso nos leva a refletir sobre o tema abordado no Capítulo 2, pois há evidências de certo descolamento entre as diretrizes e as práticas. Nesse sentido, a implementação transforma a política e é tão importante para seu sucesso quanto o processo de formação da agenda pública e formulação.

Devemos destacar também o volume significativo de planos setoriais que tem de ser realizados na escala municipal (mobilidade, saneamento, gestão de resíduos sólidos, defesa civil etc.), exigindo não apenas grande capacidade da equipe técnica local, mas também grande capacidade de integração entre os diferentes setores do governo local e da burocracia do município para implementá-los. Nesse sentido, avultam alguns questionamentos: Quais mecanismos de coordenação e cooperação serão adotados? Em que medida respondem a cada política setorial? Essas são perguntas para as quais as respostas ainda não são claras, sobretudo para os municípios de menor porte e menor capacidade orçamentária.

Mais recentemente, em um cenário de redução da disponibilidade de recursos públicos em âmbito federal, houve também a extinção do Ministério das Cidades e do Ministério do Desenvolvimento Agrário (absorvidos por outras pastas), a reestruturação de algumas políticas setoriais (como a política habitacional e o marco regulatório do saneamento básico) e a descontinuidade de outras (como os Territórios da Cidadania), acenando para um novo ciclo de políticas de desenvolvimento urbano e rural no Brasil, para o qual as modificações ainda em curso não permitem captar de forma precisa em que direção seguirão.

Paralelamente, também tratamos da política de desenvolvimento social, explorando sua inerente característica multidimensional e, a partir dela, destacando o Programa Bolsa Família, política de garantia de renda na modalidade de transferência direta. O estudo desse programa evidenciou sua estruturação e seus impactos. Além disso, esse caso de estudo permitiu compreender como ocorre a construção de um problema público e como os diferentes fluxos do subsistema das políticas públicas se articulam de forma a produzir uma política pública. Essa descrição, própria do modelo analítico dos fluxos múltiplos, auxilia a compreensão do que seja *janela política*, responsável pela formatação de um programa de assistência social, que congrega os demais já existentes, em um modelo de gestão específico. Ademais, podemos também relacioná-la ao tema das políticas de governo, que, ao passar dos anos, acabam sendo incorporadas como políticas de Estado, em sua dimensão concreta e simbólica.

Ainda, é possível utilizar esse mesmo modelo de análise de políticas públicas para compreender o processo de incorporação da dimensão territorial nas políticas de desenvolvimento rural, que, de forma dinâmica, ocupou papel central nas políticas engendradas pelo governo federal e, atualmente, parece ter adentrado em um período de ostracismo, que dependerá do processo de aprovação do projeto de lei da Política Nacional de Desenvolvimento Rural para retornar à pauta. Constatamos, assim, como diferentes políticas de governo podem assumir diferentes trajetórias, ora sendo incorporadas como políticas de Estado, ora permanecendo como pautas temporárias de atuação.

Em síntese, neste capítulo, ilustramos processos históricos e estruturas de funcionamento de políticas públicas no Brasil, dando suporte para você não apenas compreender características das políticas de desenvolvimento urbano, rural e social, mas desenvolver a habilidade de realizar levantamentos e produzir sua própria leitura, conforme suas necessidades de analista, gestor público ou estudioso sobre o assunto.

Questões para revisão

1. O Plano Diretor Municipal, conforme o Estatuto da Cidade, é obrigatório para os seguintes casos, **exceto**:
   a. municípios acima de 30 mil habitantes.
   b. municípios integrantes de regiões metropolitanas.
   c. municípios inseridos na área de influência de empreendimentos ou atividades com significativo impacto ambiental de âmbito regional ou nacional.
   d. municípios integrantes de áreas de especial interesse turístico.
   e. municípios que desejem implementar os instrumentos urbanísticos previstos no Estatuto da Cidade.

2. Considerando a estrutura formal da política pública tratada no início deste capítulo, assinale a alternativa **incorreta**:
   a. Os programas definem as atividades que irão concretizar uma realização ou transformação pretendida, com identificação clara de público-alvo, equipe técnica e recursos financeiros envolvidos.
   b. Os projetos congregam atividades concatenadas que, finalizadas, possibilitarão o alcance de uma situação específica inserida em uma problemática mais ampla.
   c. As políticas públicas correspondem ao momento inicial no qual a ação pública toma forma, definindo grandes diretrizes, objetivos, metas e fontes de recursos.
   d. Os planos estabelecem diretrizes e objetivos para determinado recorte espacial e temático, organizando a ação pública em uma sequência temporal, sendo a prioridade organizada dentro de cada projeto.
   e. Em uma sequência hierárquica, do elemento de maior nível ao de menor, temos: Políticas Públicas > Planos > Projetos > Programas.

3. As políticas sociais podem ser organizadas em dois grupos: políticas de proteção social e políticas de promoção social. Sobre esse assunto, analise as afirmativas a seguir e indique V para as verdadeiras e F para as falsas.

( ) A promoção social está relacionada com a seguridade social, baseada na ideia da solidariedade com grupos em situações de vulnerabilidade.

( ) A promoção social busca expandir a oferta de bens e serviços sociais e promover políticas de inclusão produtiva.

( ) A promoção social focaliza a incapacidade de subsistir, extrapolando a vontade individual e as vulnerabilidades decorrentes da idade ou de acidentes.

( ) As políticas de segurança alimentar e previdência estão contempladas na dimensão da política de proteção social.

( ) Políticas de infraestrutura social, como habitação, saneamento e infraestrutura, encontram-se no interstício entre políticas de proteção e promoção social.

Assinale a alternativa que corresponde à sequência correta:
a. F, V, V, F, F.
b. V, V, F, V, F.
c. V, V, V, F, F.
d. F, F, F, V, V.
e. F, V, F, V, V.

4. O programa Bolsa Família, o "carro chefe" da política social brasileira (Bichir, 2010), estrutura-se em três pilares centrais. Indique cada um deles e descreva suas principais características.

5. A implementação de políticas públicas constitui uma etapa tão importante quanto a formação da agenda e a formulação da política. Ao estudarmos as políticas de desenvolvimento urbano e rural no Brasil, isso pode ser observado? Em caso positivo, exemplifique uma situação em que tenha identificado essa relação.

Questão para reflexão

1. O Programa Bolsa Família enfrentou, ao longo de sua implementação, resistências de parte da população e da mídia, que advogavam pela sua baixa efetividade. Em contrapartida, uma série de estudos com amostras robustas demonstrou que, de fato, o programa contribuiu, entre outras coisas, com a melhoria da alimentação das famílias sem prejudicar as relações junto ao universo do trabalho. Contudo, ainda permanecem questões em aberto sobre as necessidades de adequações do programa, que apresenta um custo elevado de controle em razão das condicionalidades impostas aos beneficiários. Qual é sua opinião sobre essas condicionalidades? Em outras palavras, há realmente a necessidade de condicionar o acesso ao benefício ou será que esses comportamentos supostamente induzidos não seriam tomados de qualquer forma (como a frequência escolar)? Reflita junto aos seus colegas e discuta sobre as possíveis modificações que fariam no programa.

✦ ✦ ✦

Considerações finais

Para o cientista político polonês Adam Przeworski (1994), a democracia pode ser entendida como a **institucionalização da incerteza**, em que um aspecto é elementar ao sistema político: a contestação aberta à participação. Destarte, as soluções eleitas sempre serão negociadas e temporárias. O conflito sempre estará presente. Nesse contexto, como pensar as políticas públicas a partir de modelos lineares de tomada de decisão? Como conceber planejamentos que desconsiderem o impacto da dimensão política no processo decisório?

O que temos, de fato, é um caleidoscópio de relações e restrições de atores e instituições, em uma combinação dinâmica na qual se produzem políticas públicas. Um dos pontos centrais sobre essa questão encontra suporte na dupla possibilidade de entendimento de política pública, seja como campo do conhecimento (e, portanto, em sua dimensão mais abstrata), seja como conjunto de ações e decisões, em uma dimensão mais instrumental.

Assim, podemos entender políticas públicas como o campo responsável por, simultaneamente, fundamentar a atuação pública e analisar seus resultados, tendo como lócus central a resultante das interações de agendas e interesses de um processo político no qual estão em evidência o agir do Estado e os processos de decisão dos governos. Também é possível entendê-las como um conjunto de ações e decisões tomadas pelo governo, nas diferentes instâncias, com a participação direta ou indireta de entes públicos e privados, visando coordenar os recursos do Estado, da sociedade civil e da iniciativa privada para responder a problemas públicos, reconhecidos socialmente e definidos politicamente.

Essa ambivalência de entendimentos revela certa tensão entre discussões e abordagens, que, por vezes, aproximam-se da prática da gestão pública (em termos de aplicação direta) e, em outras, adotam uma perspectiva mais analítica, contribuindo com a gestão pública de forma menos instrumental. Não há, por óbvio, um conflito efetivo entre essas duas dimensões, mas, ao longo de sua trajetória no campo de políticas públicas, você vai identificar uma tendência entre os autores de se aproximar de uma das duas vertentes. Assim, por exemplo, podemos falar de avaliação de políticas públicas dentro de uma perspectiva restrita de mensuração de variáveis ou, então, analisá-la a partir não apenas de seus impactos positivos diretos, mas também pela influência direta e pelos resultados colaterais envolvidos.

Agora que você já dispõe dos aportes fundamentais sobre o tema, poderá refletir sobre seu próprio posicionamento dentro do campo, se mais próximo da análise reflexiva e dialógica ou da atuação direta. Independentemente do alinhamento, recomendamos sempre o exercício de uma postura de afastamento relativo do objeto de ação. Essa atitude tem particular importância para aqueles que já desempenham ou desempenharão atividade profissional junto a órgãos públicos, pois há uma tendência de incorporar, desapercebidamente, uma visão personalista como instrumental analítico e, com isso, incorrer em grandes fragilidades, seja na identificação de dinâmicas e processos, seja na proposição de alterações. Via de regra, o volume de demandas e a carência de servidores nos quadros da maior parte dos órgãos públicos fazem com que o profissional seja "engolido" pela rotina, o que o impede de realizar uma pausa, refletir sobre suas práticas e propor alterações de curso.

Sobre esse aspecto, é de particular relevância a importância da burocracia ao nível de rua sobre os resultados das políticas (Lipsky, 2019). De forma a lidar com limites crônicos de tempo e outros recursos, a burocracia de contato direto com a sociedade tende a interpretar e racionalizar objetivos e processos, levando a inconsistências e a um "particularismo" no tratamento de demandas similares ou tratamentos padronizados para demandas ou cidadãos com necessidades diferentes. De fato, a implementação **transforma** a política pública, e não podemos desconsiderar essa dimensão fundamental.

Outro aspecto importante que deve ser recordado é o pressuposto de base que adotamos. Atualmente, a perspectiva tecnocrática, baseada em prescrições ortodoxas e modelos lineares e estruturados, já está ultrapassada. Por isso, avançamos para as leituras pós-positivistas, que reconhecem as efetivas limitações da vida real, sobre as quais o tomador de decisão não tem pleno domínio dos efeitos de cada ação, estando também sob influência de seus valores e de suas ideologias. Concomitantemente, a natureza do próprio processo democrático, envolvendo negociações e pactuação entre múltiplos atores, impõe restrições e transformações no processo decisório.

Assim, não se trata apenas de maximizar benefícios e reduzir custos em uma escolha, mas reconhecer que os estudos técnicos constituem apenas uma etapa inicial, sujeita às condições possíveis de dado momento, às contingências situacionais e aos resultados de negociação entre os grupos de interesse.

Evidenciam-se aqui os conflitos e a articulação de interesses, pautados, geralmente, por interesses particulares de grupos ou atores específicos. Para Schumpeter (1984), a visão de que a democracia envolve a busca pelo bem comum é equivocada. Para que a vontade dos cidadãos pudesse resultar efetivamente em um governo, seria necessário que todos soubessem precisamente o que desejam, o que, na realidade, não ocorre.

A vontade do povo, assim, corresponde muito mais a um produto do processo político do que propriamente ao seu motor. Ao colocarmos nesses termos, fica fácil entender por que a formulação e a gestão de políticas públicas, a despeito de sua dimensão técnica inerente, têm um componente político decisivo. O agir público invariavelmente envolve um conjunto não estruturado de decisões nos quais estão em jogo valores, crenças e parâmetros subjetivos relacionados, por exemplo, à visão sobre o papel do Estado, à eficiência (ou não) dos mercados, entre outros aspectos. Ao adicionarmos uma camada de complexidade e lembrarmos que esse processo decisório não ocorre no vácuo, mas em uma arena política conflituosa, conseguimos perceber o caleidoscópio de variáveis envolvidas. Reconhecer essa dimensão política do processo é fundamental.

Diante dos elementos expostos e do panorama delineado, deparamo-nos com uma inevitável complexidade na formatação de um livro sobre políticas públicas, condicionada, entre outros fatores, pela própria amplitude desse campo do conhecimento. Isso nos impôs a realização de recortes e escolhas analíticas, temáticas e temporais. Buscamos, neste livro, em cada escolha realizada, compilar conceitos, reflexões e aportes teóricos que garantissem a densidade necessária, sem desviar para discussões excessivamente amplas e, por isso, potencialmente superficiais.

Após passar por conceitos estruturantes do campo, compreender o contexto de autonomia relativa do Estado e suas implicações nas redes de políticas públicas e nos modelos de governança, explorar as fases do ciclo de políticas públicas (*policy cycle*) e tratar dos diferentes modelos de análise de políticas públicas (*policy analysis*), finalizamos essa produção desejando a você sucesso em sua jornada pelo campo de políticas públicas, como analista, gestor público ou mesmo como membro de sua comunidade, no processo de produção de políticas públicas.

Lista de siglas

ABES	Associação Brasileira de Engenharia Sanitária e Ambiental
ACF	Advocacy Coalition Framework
BNDES	Banco Nacional de Desenvolvimento Econômico e Social
BNH	Banco Nacional de Habitação
CET	Companhia de Engenharia de Tráfego
Codeter	Colegiados de Desenvolvimento Territorial
FEFC	Fundo Especial de Financiamento de Campanha
FMI	Fundo Monetário Internacional
IAPs	Institutos de Aposentadorias e Pensões
IDH	Índice de Desenvolvimento Humano
Ipea	Instituto de Pesquisa Econômica Aplicada
IPI	Imposto sobre Produtos Industrializados
Mapa	Ministério da Agricultura, Pecuária e Abastecimento
MDA	Ministério do Desenvolvimento Agrário
MDR	Ministério do Desenvolvimento Regional
ONGs	Organizações não governamentais
PAC	Programa de Aceleração do Crescimento
PAR	Programa de Arrendamento Residencial
PBF	Programa Bolsa Família
PDBR	Política de Desenvolvimento do Brasil Rural
PDP	Plano Diretor Participativo
PDRAE	Plano Diretor da Reforma do Aparelho do Estado

PMCMV	Programa Minha Casa Minha Vida
Proinf	Projetos de Infraestrutura e Serviços em Territórios Rurais
Pronaf	Programa Nacional de Fortalecimento da Agricultura Familiar
Pronat	Programa Nacional de Desenvolvimento Sustentável dos Territórios Rurais
PTC	Programa Territórios da Cidadania
PTDRS	Plano Territorial de Desenvolvimento Rural Sustentável
SERFHAU	Serviço Federal de Habitação e Urbanismo
SUS	Sistema Único de Saúde
TICs	Tecnologias de informação e comunicação

Referências

ABRAMOVAY, R. O futuro das regiões rurais. Porto Alegre: Ed. da UFRGS, 2003.

ARANTES, P. F. O ajuste urbano: as políticas do Banco Mundial e do BID para as cidades. **Pós – Revista do Programa de Pós-Graduação em Arquitetura e Urbanismo Da FAUUSP**, São Paulo, n. 20, p. 20-75, dez. 2006. Disponível em: <http://www.revistas.usp.br/posfau/article/view/43485/47107>. Acesso em: 30 nov. 2020.

ARAUJO, M. A. D. de; BORGES, D. F. 20 anos do plano diretor da reforma do aparelho de estado no brasil: avanços e limites. **Espacios Públicos**, v. 21, n. 52, 2018. Disponível em: <https://www.redalyc.org/jatsRepo/676/67658492001/html/index.html>. Acesso em: 30 nov. 2020

BALTRUSIS, N.; D'OTTAVIANO, M. C. L. de. Ricos e pobres, cada qual em seu lugar: a desigualdade socioespacial na metrópole paulistana. **Caderno CRH**, Salvador, v. 22, n. 55, p. 135-149, jan./abr. 2009. Disponível em: <https://www.scielo.br/pdf/ccrh/v22n55/08.pdf>. Acesso em: 30 nov. 2020.

BAUMGARTNER, F. R. et al. Punctuated Equilibrium in Comparative Perspective. **American Journal of Political Science**, v. 53, n. 3, p. 603-620, July 2009.

BAUMGARTNER, F. R.; JONES, B. **Agendas and Instability in American Politics**. Chicago: University of Chicago Press, 2010.

BIANCHINI, V. **Vinte Anos do PRONAF, 1995-2015**: avanços e desafios. Brasília: Ministério do Desenvolvimento Agrário, 2015. Disponível em: <http://atividaderural.com.br/artigos/568ba26e514e2.pdf>. Acesso em: 30 nov. 2020.

BICHIR, R. M. O Bolsa Família na berlinda? Os desafios atuais dos programas de transferência de renda. **Novos Estudos CEBRAP**, n. 87, p. 115-129, jul. 2010. Disponível em: <https://www.scielo.br/pdf/nec/n87/a07n87.pdf>. Acesso em: 30 nov. 2020.

BONDUKI, N. Origens da habitação social no Brasil: arquitetura moderna, Lei do Inquilinato e difusão da casa própria. 7. ed. São Paulo: Estação Liberdade, 2017.

BONDUKI, N. Os pioneiros da habitação social: cem anos de política pública no Brasil. São Paulo: Unesp, 2014.

BONDUKI, N. Política habitacional e inclusão social no Brasil: revisão histórica e novas perspectivas no governo Lula. **Arq.urb Revista Eletrônica de Arquitetura e Urbanismo**, São Paulo, n. 1, p. 70-104, 2008. Disponível em: <https://revistaarqurb.com.br/arqurb/article/view/81/75>. Acesso em: 30 nov. 2020.

BÖRZEL, T. A. Organizing Babylon – On the Different Conceptions of Policy Networks. **Public Administration**, v. 76, n. 2 p. 253-273, 1998.

BRASIL. Banco Nacional de Desenvolvimento Econômico e Social. **Pronaf – Programa Nacional de Fortalecimento da Agricultura Familiar**. 2020a. Disponível em: <https://www.bndes.gov.br/wps/portal/site/home/financiamento/produto/pronaf>. Acesso em: 30 nov. 2020.

BRASIL. Câmara dos Deputados. Projeto de Lei n. 4.162/2019. Brasília, DF, dez. 2019a. Disponível em: <https://legis.senado.leg.br/sdleg-getter/documento?dm=8062567&ts=1600365416786&disposition=inline>. Acesso em: 30 nov. 2020.

BRASIL. Câmara dos Deputados. Projeto de Lei n. 6.904, de 13 de fevereiro de 2017. Brasília, DF, fev. 2017a. Disponível em: <https://www.camara.leg.br/proposicoesWeb/prop_mostrarintegra?codteor=1525652&filename=PL+6904/2017>. Acesso em: 30 nov. 2020.

BRASIL. Constituição (1988). **Diário Oficial da União**, Brasília, DF, 5 out. 1988. Disponível em: <http://www.planalto.gov.br/ccivil_03/constituicao/constituicao.htm>. Acesso em: 30 nov. 2020.

BRASIL. Decreto n. 9.874, de 27 de junho de 2019. **Diário Oficial da União**. Poder Legislativo, Brasília, 27 jun. 2019b. Disponível em: <http://www.planalto.gov.br/ccivil_03/_ato2019-2022/2019/decreto/D9874.htm>. Acesso em: 30 nov. 2020.

BRASIL. Decreto n. 11.503, de 25 de fevereiro de 2008. **Diário Oficial da União**, Poder Legislativo, Brasília, 25 fev. 2008. Disponível em: <http://www.planalto.gov.br/ccivil_03/_ato2007-2010/2008/dnn/dnn11503.htm>. Acesso em: 30 nov. 2020.

BRASIL, Lei n. 8.742, de 7 de dezembro de 1993. **Diário Oficial da União**, Poder Legislativo, Brasília, DF, 7 dez. 1993. Disponível em: <http://www.planalto.gov.br/ccivil_03/leis/l8742compilado.htm>. Acesso em: 30 nov. 2020.

BRASIL. Lei n. 9.394, de 20 de dezembro de 1996. **Diário Oficial da União**, Poder Legislativo, Brasília, DF, 20 dez. 1996. Disponível em: <http://www.planalto.gov.br/ccivil_03/leis/l9394.htm>. Acesso em: 30 nov. 2020.

BRASIL. Lei n. 9.503, de 23 de setembro de 1997. **Diário oficial da União**, Poder Legislativo, Brasília, DF, 23 set. 1997. Disponível em: <http://www.planalto.gov.br/ccivil_03/leis/L9503Compilado.htm>. Acesso em: 30 nov. 2020.

BRASIL. Lei n. 10.257, de 10 de julho de 2001. **Diário Oficial da União**, Poder Legislativo, Brasília, DF, 11 jul. 2001. Disponível em: <http://www.planalto.gov.br/ccivil_03/leis/LEIS_2001/L10257.htm>. Acesso em:30 nov. 2020.

BRASIL. Lei n. 10.836, de 9 de janeiro de 2004. **Diário Oficial da União**, Poder Legislativo, Brasília, DF, 9 jan. 2004. Disponível em: <http://www.planalto.gov.br/ccivil_03/_ato2004-2006/2004/lei/l10.836.htm>. Acesso em: 30 nov. 2020.

BRASIL. Lei n. 12.587, de 3 de janeiro de 2012. **Diário Oficial da União**, Poder Legislativo, Brasília, DF, 3 jan. 2012a. Disponível em: <http://www.planalto.gov.br/ccivil_03/_ato2011-2014/2012/lei/l12587.htm>. Acesso em: 30 nov. 2020.

BRASIL. Lei n. 12.711, de 29 de agosto de 2012. **Diário Oficial da União**, Poder Legislativo, Brasília, DF, 29 ago. 2012b. Disponível em: <http://www.planalto.gov.br/ccivil_03/_ato2011-2014/2012/lei/l12711.htm>. Acesso em: 30 nov. 2020.

BRASIL. Lei n. 13.487, de 6 de outubro de 2017. **Diário Oficial da União**, Poder Legislativo, Brasília, DF, 6 out. 2017b. Disponível em: <http://www.planalto.gov.br/ccivil_03/_Ato2015-2018/2017/Lei/L13487.htm>. Acesso em: 30 nov. 2020.

BRASIL. Lei n. 13.874, de 20 de setembro de 2019. **Diário Oficial da União**, Poder Legislativo, Brasília, DF, 20 set. 2019c. Disponível em: <http://www.planalto.gov.br/ccivil_03/_ato2019-2022/2019/lei/L13874.htm>. Acesso em: 30 nov. 2020.

BRASIL. Ministério da Agricultura, Pecuária e Abastecimento. **Brasil Mais cooperativo**. 10 jan. 2020b. Disponível em: <https://www.gov.br/agricultura/pt-br/assuntos/agricultura-familiar/brasil-mais-cooperativo>. Acesso em: 30 nov. 2020.

BRASIL. Portal da Transparência. **Territórios da Cidadania**. 2020c. Disponível em: <http://www.portaltransparencia.gov.br/programas-de-governo/22-territorios-da-cidadania?ano=2019>. Acesso em: 30 nov. 2020.

BRASIL. Portaria n. 129, de 4 de julho de 2019. **Diário Oficial da União**, Poder Legislativo, Brasília, DF, 5 jul. 2019d. Disponível em: <https://www.in.gov.br/web/dou/-/portaria-n-129-de-4-de-julho-de-2019-189610657>. Acesso em: 30 nov. 2020.

BRASIL. Secretaria Especial do Desenvolvimento Social. **Acesso a educação e saúde**. 2015. Disponível em <http://mds.gov.br/assuntos/bolsa-familia/o-que-e/acesso-a-educacao-e-saude>. Acesso em: 30 nov. 2020.

BRASIL. Secretaria Especial do Desenvolvimento Social. **Bolsa Família**. 2019e. Disponível em: <http://mds.gov.br/assuntos/bolsa-familia>. Acesso em: 1º ago. 2019.

BRESSER-PEREIRA, L. C. A Reforma do Estado dos anos 90: lógica e mecanismos de controle. **Lua Nova: Revista de Cultura e Política**, n. 45, p. 49-95, 1998. Disponível em: <https://www.scielo.br/pdf/ln/n45/a04n45.pdf>. Acesso em: 30 nov. 2020.

CAPELLA, A. C. N. Formação da Agenda Governamental: perspectivas teóricas. In: ENCONTRO ANUAL DA ANPOCS, 29, 2005, Minas Gerais. Disponível em: <https://www.anpocs.com/index.php/papers-29-encontro/gt-25/gt19-21/3789-acapella-formacao/file>. Acesso em: 30 nov. 2020.

CAPELLA, A. C. N. **Formulação de políticas públicas**. Brasília: Enap, 2018. Disponível em: <https://repositorio.enap.gov.br/bitstream/1/3332/1/Livro_Formula%c3%a7%c3%a3o%20de%20pol%c3%adticas%20p%c3%bablicas.pdf>. Acesso em: 30 nov. 2020.

CARAM, B.; BRANT, D. Setor privado poderá fazer shopping em terreno do governo em troca de casa popular. **Folha de S. Paulo**, 8 fev. 2020. Disponível em: <https://www1.folha.uol.com.br/mercado/2020/02/setor-privado-podera-fazer-shopping-em-terreno-do-governo-em-troca-de-casa-popular.shtml>. Acesso em: 30 nov. 2020.

CARDOSO, A. L.; ARAGÃO, T. A.; JAENISCH, S. M. **Vinte e dois anos de política habitacional no Brasil**: da euforia à crise. Rio de Janeiro: Letra Capital, 2017.

CASTELLS, M. **A galáxia da internet**: reflexões sobre a internet, os negócios e a sociedade. Rio de Janeiro: J. Zahar, 2003.

CASTELLS, M. **A sociedade em rede**: a era da informação – economia, sociedade e cultura. São Paulo: Paz e Terra, 1999.

CASTRO, J. A. de; OLIVEIRA, M. G. de. Políticas públicas e desenvolvimento. In: MADEIRA, L. M. (Org.). **Avaliação de políticas públicas**. Porto Alegre: Ed. da UFRGS; Cegov, 2014. p. 21-48. Disponível em: <https://www.ufrgs.br/cegov/files/pub_37.pdf>. Acesso em: 30 nov. 2020.

CAVALCANTE, P. **Gestão pública contemporânea:** do movimento gerencialista ao pós-NPM. Texto de Discussão 2319. Brasília: Ipea, 2017.

CINGOLANI, L. The State of State Capacity: a Review of Concepts, Evidence and Measures. **Maastricht Economic and social Research institute on Innovation and Technology (UNU-MERIT)**, 2013. Disponível em: <https://ideas.repec.org/p/unm/unumer/2013053.html>. Acesso em: 30 nov. 2020.

COBB, R. W.; ELDER, C. D. The Politics of Agenda-Building: An Alternative Perspective For Modern Democratic Theory. **The Journal of Politics**, v. 33, n. 4, p. 892-915, nov. 1971. Disponível em: <https://fbaum.unc.edu/teaching/articles/CobbElder-JOP-1971.pdf>. Acesso em: 30 nov. 2020.

COHEN, M. D.; MARCH, J. G.; OLSEN, J. P. A Garbage Can Model of Organizational Choice. **Administrative Science Quarterly**, v. 17, n. 1, p. 1-25, 1972.

COSTA, J. E. da. Política de desenvolvimento territorial rural no Alto Sertão de Alagoas, Brasil. **Mercator**, v. 18, p. 1-15, 2019. Disponível em: <http://www.mercator.ufc.br/mercator/article/view/2413>. Acesso em: 30 nov. 2020.

CRONEMBERGER, I. H. G. M.; TEIXEIRA, S. M. O sistema de proteção social brasileiro, política de assistência social e a atenção à família. **Pensando Famílias**, v. 19, n. 2, p. 132-147, dez. 2015. Disponível em: <http://pepsic.bvsalud.org/pdf/penf/v19n2/v19n2a11.pdf>. Acesso em: 30 nov. 2020.

CYMBALISTA, R.; MOREIRA, T. Política habitacional no Brasil: a história e os atores de uma narrativa incompleta. In: ALBUQUERQUE, M. do C. (Org.). **Participação popular em políticas públicas:** espaço de construção da democracia brasileira. São Paulo: Instituto Pólis, 2006. p. 31-48.

DAVIS, L. E.; NORTH, D. C. **Institutional Change and American Economic Growth**. Cambridge: Cambridge University Press, 1971.

DOWNS, A. Up and Down with Ecology-the Issue-Attention Cycle. **Public Interest**, n. 28, 1972, p. 38-51.

DRAIBE, S. A política social no período FHC e o sistema de proteção social. **Tempo Social**, v. 15, n. 2, p. 63-101, 2003. Disponível em: <https://www.scielo.br/pdf/ts/v15n2/a04v15n2.pdf>. Acesso em: 30 nov. 2020.

DRAIBE, S. Programas de transferências condicionadas de renda. In: CARDOSO, F. H.; FOXLEY, A. (Org.). **América Latina**: desafios da democracia e do desenvolvimento – políticas sociais para além da crise. Rio de Janeiro: Campus, 2009. p. 215-262.

DUARTE, F.; FREY, K. Redes urbanas. In: DUARTE, F.; QUANDT, C.; SOUZA, Q. **O tempo das redes**. São Paulo: Perspectiva, 2008. p. 155-177.

DYE, T. **Understanding Public Policy**. Englewood Cliffs: Prentice-Hall, 1984.

DYE, T. R. **Understanding Public Policy**. Boston: Longman, 2009.

EASTON, D. **A Framework for Political Analysis**. Englewood Cliffs: Prentice Hall, 1965.

ENAP – Escola Nacional de Administração Pública. **Capacidades estatais para produção de políticas públicas**: resultados do survey sobre serviço civil no Brasil. Brasília: Enap, 2018. Disponível em: <https://repositorio.enap.gov.br/bitstream/1/3233/1/Caderno-56_Capacidades%20estatais%20para%20produ%c3%a7%c3%a3o%20de%20pol%c3%adticas%20p%c3%bablicas.pdf>. Acesso em: 30 nov. 2020.

ENSERINK, B.; KOPPENJAN, J. F. M.; MAYER, I. S. A. Policy Sciences View on Policy Analysis. **Public Policy Analysis: International Series in Operations Research & Management Science**, v. 179, p. 11-40, 2013.

FIANI, R. Arranjos institucionais e desenvolvimento: o papel da coordenação em estruturas híbridas. In: GOMIDE, A. de A.; PIRES, R. R. (Org.). **Capacidades estatais e democracia**: arranjos institucionais de políticas públicas. Brasília: Ipea, 2014. p. 57-81.

FOUNTAIN, J. Paradoxes of Public Sector Customer Service. **Governance**, v. 14, n. 1, p. 55-74, 2001.

FREY, K. Políticas públicas: um debate conceitual e reflexões referentes à prática da análise de políticas públicas no Brasil. **Planejamento e Políticas Públicas**, n. 21, p. 211-259, jun. 2000. Disponível em: <https://www.ipea.gov.br/ppp/index.php/PPP/article/view/89/158>. Acesso em: 30 nov. 2020.

FUKS, M. Definição de agenda, debate público e problemas sociais: uma perspectiva argumentativa da dinâmica do conflito social. **Revista Brasileira de Informação Bibliográfica em Ciências Sociais**, Rio de Janeiro, n. 49, p. 79-94, 2000. Disponível em: <https://www.anpocs.com/index.php/bib-pt/bib-49/510-definicao-de-agenda-debate-publico-e-problemas-socais-uma-perspectiva-argumentativa-da-dinamica-do-conflito-social/file>. Acesso em: 30 nov. 2020.

FURLAN, F. Voucher para habitação social está em discussão no governo. **Valor Econômico**, São Paulo, 15 out. 2019. Disponível em: <https://valor.globo.com/brasil/noticia/2019/10/15/voucher-para-habitacao-social-esta-em-discussao-no-governo.ghtml>. Acesso em: 30 nov. 2020.

GOUVÊA, R. G. **A questão metropolitana no Brasil**. Rio de Janeiro: FGV, 2005.

HALL, P. A.; TAYLOR, R. C. Political Science and the Three New Institutionalisms. **Political Studies**, n. 44, p. 936-957, 1996.

HANF, K.; O'TOOLE JR., L. J. Revisiting Old Friends: Networks, Implementation Structures and the Management of Inter-Organizational Relations. **European Journal of Political Research**, v. 21, n. 1-2, p. 163-180, 1992.

HEINELT, H. Do Policies Determine Politics? In: FISCHER, F.; MILLER, G. J.; SIDNEY, M. S. **Handbook of Public Policy Analysis**: Theory, Politics and Methods. New York: CRC Press, 2007. p. 109-119.

HOWLETT, M.; RAMESH, M. **Studying Public Policy**: Policy Cycles and Subsystems. Oxford: Oxford University Press, 2003.

HOWLETT, M.; RAMESH, M.; PERL, A. **Política pública**: seus ciclos e subsistemas – uma abordagem integradora. Rio de Janeiro: Elsevier, 2013.

IBGE – Instituto Brasileiro de Geografia e Estatística. **Perfil dos municípios brasileiros**: 2015. Rio de Janeiro: IBGE, 2016. Disponível em: <https://biblioteca.ibge.gov.br/visualizacao/livros/liv95942.pdf>. Acesso em: 30 nov. 2020.

IPEA – Instituto de Pesquisa Econômica Aplicada. **Avaliação de políticas públicas**: guia prático de análise ex ante. Brasília: Ipea, 2018a. v. 1. Disponível em: <https://www.ipea.gov.br/portal/images/stories/PDFs/livros/livros/180319_avaliacao_de_politicas_publicas.pdf>. Acesso em: 30 nov. 2020.

IPEA – Instituto de Pesquisa Econômica Aplicada. **Avaliação de políticas públicas:** guia prático de análise ex post. Brasília: Ipea, 2018b. v. 2. Disponível em: <https://www.ipea.gov.br/portal/images/stories/PDFs/livros/livros/181218_avaliacao_de_politicas_publicas_vol2_guia_expost.pdf>. Acesso em: 30 nov. 2020.

JESSOP, B. The State: Government and Governance. In: PIKE, A.; RODRIGUEZ-POSE, A.; TOMANEY, J. (Org.). **Handbook of Local and Regional Development.** London: Routledge, 2011. p. 239-248.

JOHN, P. **Analyzing Public Policy.** London: Continuum, 2006.

JOHN, P. Is There Life After Policy Streams, Advocacy Coalitions, and Punctuations: Using Evolutionary Theory to Explain Policy Change? **Policy Studies Journal**, v. 31, n. 4, p. 481-498, 2003.

JOHN, P.; BEVAN, S. What are Policy Punctuations? Large Changes in the Legislative Agenda of the UK Government, 1911-2008. **Policy Studies Journal**, v. 40, n. 1, p. 89-108, 2012.

JONES, B. D.; BAUMGARTNER, F. R. From There to Here: Punctuated Equilibrium to the General Punctuation Thesis to a Theory of Government Information Processing. **Policy Studies Journal**, v. 40, n. 1, p. 1-20, 2012.

KINGDON, J. **Agendas, Alternatives, and Public Policies.** New York: Harper Collins, 1995.

KLIJN, E. H. Networks and Inter-Organizational Management – Challenging, Evaluation and the Role of Public Actor in Public Management. In: FERLIE, E.; LYNN JR, L. E.; POLLITT, C. **The Oxford Handbook of Public Management.** Oxford: Oxford University Press, 2007. p. 257-282.

KNOEPFEL, P. et al. Policy Actors. In: KNOEPFEL, P. (Ed.). **Public Policy Analysis.** Bristol: The Policy Press, 2010. p. 39-63.

KOOIMAN, J. **Modern Governance:** New Government-Society Interactions. California: Sage, 1993.

KRONEMBERGER, T. S.; GUEDES, C. A. M.; TENÓRIO, F. G. Desenvolvimento territorial rural em perspectiva comparada: Brasil e Argentina. **CSDT – Controle Social e Desenvolvimento Territorial**, v. 3, n. 3, p. 6-26, 2018. Disponível em: <https://sistemas.uft.edu.br/periodicos/index.php/csdt/issue/view/276>. Acesso em: 30 nov. 2020.

LASSWELL, H. D. **Politics:** Who Gets What, When, How. New York: McGraw-Hill Book, 1936.

LINDBLOM, C. E. The Science of "Muddling Through". **Public Administration Review**, v. 19, n. 2, p. 78-88, 1959. Disponível em: <https://faculty.washington.edu/mccurdy/SciencePolicy/Lindblom%20Muddling%20Through.pdf>. Acesso em: 30 nov. 2020.

LIPSKY, M. **Burocracia de nível de rua**: dilemas do indivíduo nos serviços públicos. Brasília: Enap, 2019.

LOWI, T. American Business, Public Policy, Case Studies and Political Theory. **World Politics**, v. 16, p. 677-715, 1964.

LOWI, T. Four Systems of Policy, Politics, and Choice. **Public Administration Review**, v. 32, p. 298-310, 1972.

LYNN JR., L. E. Public Management: a Concise History of the Field. In: FERLIE, E.; LYNN JR, L. E.; POLLITT, C. **The Oxford Handbook of Public Management**. Oxford: Oxford University Press, 2007. p. 27-51.

MARCH, J. G.; OLSEN, J. P. Elaborating the "New Institucionalism". In: RHODES, R. A. W.; BINDER, S. A.; ROCKMAN, B. A. (Eds.). **The Oxford Handbook of Political Institutions**. Oxford: Oxford University Press, 2008. p. 3-22.

MARCHESAN, R. Pagamento do 13º salário do Bolsa Família será em dezembro; veja datas. **UOL**, Economia, 29 nov. 2019. Disponível em: <https://economia.uol.com.br/noticias/redacao/2019/11/29/13-bolsa-familia-datas-pagamento.htm>. Acesso em: 30 nov. 2020.

MARICATO, E. As ideias fora do lugar e o lugar fora das ideias. In: ARANTES, O.; VAINER, C.; MARICATO, E. **A cidade do pensamento único**: desmanchando consensos. Petrópolis: Vozes, 2000. p. 121-192.

MATLAND, R. E. Synthesizing the Implementation Literature: The Ambiguity-Conflict Model of Policy. **Journal of Public Administration Research and Theory**, v. 5, n. 2, p. 145-174, 1995.

MEIER, K. J; HILL, G. C. Bureaucracy in the Twenty-First Century. In: FERLIE, E; LYNN JR., L.; POLLITT, C. **The Oxford Handbook of Public Management**. Oxford: Oxford Press, 2007.

MELO, S. **Novo Marco Legal do Saneamento tem várias limitações**. ABES – Associação Brasileira de Engenharia Sanitária, 10 dez. 2019. Disponível em: <http://abes-dn.org.br/?p=31559>. Acesso em: 30 nov. 2020.

MEYERS, M.; NIELSEN, V. Street-Level Bureaucrats and the Implementation of Public Policy. In: PETERS, B. G.; PIERRE, J. (Ed.). **The Sage Handbook of Public Administration**. London: Sage, 2012. p. 305-319.

MONTE-MÓR, R. L. de M. Do urbanismo à política urbana: notas sobre a experiência brasileira. In: COSTA, G.; MENDONÇA, J. G. de (Org.). **Planejamento urbano no Brasil**: trajetória, avanços e perspectivas. Belo Horizonte: C/Arte, 2008. p. 45-70.

MOON, M.; INGRAHAM, P. Shaping Administrative Reform and Governance: An Examination of the Political Nexus Triads in Three Asian Countries. **Governance**, v. 11, n. 1, p. 77-100, 1998.

MOURA, R. et al. A realidade das áreas metropolitanas e seus desafios na federação brasileira: diagnóstico socioeconômico e da estrutura de gestão. In: SEMINÁRIO INTERNACIONAL "DESAFIO DA GESTÃO DAS REGIÕES METROPOLITANAS EM PAÍSES FEDERADOS", 2004, Brasília. p. 1-31. Disponível em: <http://www.forumfed.org/libdocs/BrazilMUN04/BrazilMUN04-Moura-p.pdf>. Acesso em: 30 nov. 2020.

MUCCIARONI, G. The Garbage can Model and the Study of Policy Making: a Critique. **Polity**, v. 24, n. 3, p. 459-482, 1992.

MULLER, P.; JOBERT, B. **L'Etat en action**: politiques publiques et corporatismes. Paris: Presses Universitaires de France, 1987.

NASCIMENTO NETO, P. **Resíduos sólidos urbanos**: perspectivas de gestão intermunicipal em regiões metropolitanas. São Paulo: Atlas, 2013.

NASCIMENTO NETO, P.; MOREIRA, T. A. The Metropolitan Dimension of Housing Policy. **Mercator**, Fortaleza, v. 16, p. 1-13, 2017. Disponível em: <https://www.scielo.br/pdf/mercator/v16/en_1984-2201-mercator-16-e16027.pdf>. Acesso em: 30 nov. 2020.

OLLAIK, L. G.; MEDEIROS, J. J. Instrumentos governamentais: reflexões para uma agenda de pesquisas sobre implementação de políticas públicas no Brasil. **Revista de Administração Pública**, Rio de Janeiro, v. 45, n. 6, p. 1.943-1.967, dez. 2011. Disponível em: <http://bibliotecadigital.fgv.br/ojs/index.php/rap/article/view/7066/5623>. Acesso em: 30 nov. 2020.

ORTEGA, A. C. **Territórios deprimidos**: desafios para as políticas de desenvolvimento rural. Belo Horizonte: EDUFU, 2008

ORTEGA, A. C. As políticas territoriais rurais no Brasil: as ações do governo federal. ORTEGA, A. C.; PIRES, M. J. de S. (Org.). **As políticas territoriais rurais e a articulação governo federal e estadual:** um estudo de caso da Bahia. Brasília: Ipea, 2016. p. 31-54. Disponível em: <https://www.ipea.gov.br/portal/images/stories/PDFs/livros/livros/170725_livro_as%20politicas_territoriais_rurais.pdf>. Acesso em: 30 nov. 2020.

ORTEGA, A. C.; CARDOSO, A. Potenciais e limites de uma política de desenvolvimento local: o Pronaf à luz do Leader. **Revista de Economia e Sociologia Rural**, v. 40, n. 2, p. 265-304, 2002. Disponível em: <https://www.revistasober.org/article/5d7bd5dc0e88255c277 17eae>. Acesso em: 30 nov. 2020.

PARADA, E. L. Implementación de las políticas y asesoría presidencial. In: SARAVIA, E.; FERRAREZI, E. (Orgs.). **Políticas públicas**. Brasília: ENAP, 2006a. v. 2. p. 239-261. Disponível em: <https://repositorio.enap.gov.br/bitstream/1/3133/1/Coletanea_pp_v2.pdf>. Acesso em: 30 nov. 2020.

PARADA, E. L. Política y políticas públicas. In: SARAVIA, E.; FERRAREZI, E. (Orgs.). **Políticas públicas**. Brasília: ENAP, 2006b. v. 1. p. 67-95. Disponível em: <https://repositorio.enap.gov.br/bitstream/1/2914/1/160425_coletanea_pp_v1.pdf>. Acesso em: 15 out. 2020.

PARANÁ. Assembleia Legislativa do Estado do Paraná. Lei Complementar n. 59, de 1º outubro de 1991. Disponível em: <http://www.iap.pr.gov.br/arquivos/File/Legislacao_ambiental/Legislacao_estadual/LEIS/LEI_COMPLEMENTAR_59_1991.pdf>. Acesso em: 30 nov. 2020.

PETERS, B. G. Governance: a Garbage can Perspective. **Political Science Series**, n. 84, p. 1-22, dez. 2002.

PIRES, R. R.; GOMIDE, A. de A. Governança e capacidades estatais: uma análise comparativa de programas federais. **Revista de Sociologia e Política**, v. 24, n. 58, p. 121-143, jun. 2016. Disponível em: <https://www.scielo.br/pdf/rsocp/v24n58/0104-4478-rsocp-24-58-0121.pdf>. Acesso em: 30 nov. 2020.

POLLITT, C.; BOUCKAERT, G. **Public Management Reform:** A Comparative Analysis – New Public Management, Governance, and the Neo-Weberian State. Oxford: Oxford University Press, 2011.

PRESSMAN, J. L.; WILDAVSKY, A. **Implementation:** how Great Expectations in Washington are Dashed in Oakland or why It's Amazing that Federal Programs Work at All. California: University of California, 1973.

PRZEWORSKI, A. A democracia e o mercado no Leste Europeu e na América Latina. Rio de Janeiro: Relumé Dumará, 1994.

RAINER, R. Do planejamento colaborativo ao planejamento "subversivo": reflexões sobre limitações e potencialidades de Planos Diretores no Brasil. **Revista Electrónica de Geografía y Ciencias Sociales**, Barcelona, v. 11, n. 245, ago. 2007. Disponível em: <http://www.ub.edu/geocrit/sn/sn-24517.htm>. Acesso em: 30 nov. 2020.

REGO, W. L.; PINZANI, A. **Vozes do Bolsa Família**: autonomia, dinheiro e cidadania. São Paulo: Ed. da Unesp, 2013.

RHODES, R. A. W. **Understanding Governance**: Policy Networks, Governance, Reflexivity and Accountability. Philadelphia: Open University Press, 1997.

RHODES, R. A. W.; BINDER, S. A.; ROCKMAN, B. A. The Oxford Handbook of Political Institutions. New York: Oxford University Press, 2008.

RIBEIRO, A. C.; ANDION, C.; BURIGO, F. Ação coletiva e coprodução para o desenvolvimento rural: um estudo de caso do Colegiado de Desenvolvimento Territorial da Serra Catarinense. **Revista de Administração Pública**, v. 49, n. 1, p. 119-140, jan./fev. 2015. Disponível em: <https://www.scielo.br/pdf/rap/v49n1/0034-7612-rap-49-01-00119.pdf>. Acesso em: 30 nov. 2020.

ROBINSON, E. H. The Distinction between State and Government. **Geography Compass**, n. 7, p. 556-566, 2013.

ROBINSON, S. E. Punctuated Equilibrium Models in Organizational Decision Making. In: MORCOL, G. (Ed.). **Handbook on Human Decision-Making**. Flórida: CRC Press, 2006. p. 134-148.

ROCHA, S. O programa Bolsa Família: evolução e efeitos sobre a pobreza. **Economia e Sociedade**, v. 20, n. 1, p. 113-139, abr. 2011. Disponível em: <https://www.scielo.br/pdf/ecos/v20n1/v20n1a05>. Acesso em: 30 nov. 2020.

ROLNIK, R. Democracia no fio da navalha: limites e possibilidades para a implementação de uma agenda de reforma urbana no Brasil. **Revista Brasileira de Estudos Urbanos e Regionais**, Rio de Janeiro, v. 11, n. 2, p. 31-50, nov. 2009. Disponível em: <https://rbeur.anpur.org.br/rbeur/article/view/219/203>. Acesso em: 30 nov. 2020.

ROYER, L. de O. **Financeirização da política habitacional**: limites e perspectivas. São Paulo: AnnaBlume, 2014.

SABATIER, P. A. (Org.). **Theories of the Policy Process**. Colorado: Westview Press, 1999.

SABATIER, P. A. (Ed.). Theories of the Policy Process. 2. ed. Boulder: Westview Press, 2007.

SABATIER, P. A.; JENKINS-SMITH, H. C. The Advocacy Coalition Framework: An Assessment. In: SABATIER, P. A. (Org.). Theories of the Policy Process. Colorado: Westview Press, 1999. p. 30-68.

SANTOS JR., O. A. dos; MONTANDON, D. T. **Os Planos Diretores Municipais pós-Estatuto da Cidade:** balanço crítico e perspectivas. Rio de Janeiro: Observatório das Metrópoles, 2011.

SCHNEIDER, S. A abordagem territorial do desenvolvimento rural e suas articulações externas. **Sociologias**, Porto Alegre, ano 6, n. 11, p. 88-125, jan./jun. 2004. Disponível em: <https://www.scielo.br/pdf/soc/n11/n11a06>. Acesso em: 30 nov. 2020.

SCHUMPETER, J. **Capitalismo, socialismo e democracia.** Rio de Janeiro: Zahar, 1984.

SECCHI, L. Modelos organizacionais e reformas da administração pública. **RAP – Revista de Administração Pública**, Rio de Janeiro, v. 43, n. 2, p. 347-369, mar./abr. 2009. Disponível em: <https://www.scielo.br/pdf/rap/v43n2/v43n2a04.pdf>. Acesso em: 30 nov. 2020.

SIMON, H. **Comportamento administrativo.** Rio de Janeiro: USAID, 1957.

SMITH, K. B.; LARIMER, C. W. The Public Policy Theory Primer. 3. ed. London: Routledge, 2018.

SOUZA, C. **Coordenação de políticas públicas.** Brasília: Enap, 2018.

SOUZA, C. Políticas públicas: uma revisão de literatura. **Sociologias**, ano 8, n. 16, p. 20-45, jul./dez. 2006. Disponível em: <https://www.scielo.br/pdf/soc/n16/a03n16>. Acesso em: 30 nov. 2020.

SUBIRATS, J. Definición del problema. Relevancia pública y formación de la agenda de actuación de los poderes públicos. In: SARAVIA, E.; FERRAREZI, E. (Ed.). **Políticas públicas.** Brasília: ENAP, 2006. v. 1. p. 199-218. Disponível em: <https://repositorio.enap.gov.br/bitstream/1/2914/1/160425_coletanea_pp_v1.pdf>. Acesso em: 30 nov. 2020.

TARSITANO, R. A.; SANT'ANA, A. L.; ARAÚJO, C. A. M. Análise dos projetos Proinf do Território Andradina, Estado de São Paulo, período 2004 a 2011. **Informações Econômicas**, v. 43, n. 3, p. 44-55, maio/jun. 2013. Disponível em: <http://www.iea.sp.gov.br/ftpiea/publicacoes/ie/2013/tec5-0613.pdf>. Acesso em: 30 nov. 2020.

TEIXEIRA, A. C. W. **Região Metropolitana:** instituição e gestão contemporânea. Belo Horizonte: Fórum, 2005.

ULTRAMARI, C.; REZENDE, D. Mudanças e continuidades na gestão urbana brasileira. **Revista Paranaense de Desenvolvimento**, Curitiba, n. 111, p. 19-28, jul./dez. 2006. Disponível em: <http://www.ipardes.gov.br/ojs/index.php/revistaparanaense/article/view/59>. Acesso em: 30 nov. 2020.

VAINER, C. Pátria, empresa e mercadoria: notas sobre a estratégia discursiva do planejamento estratégico urbano. In: ARANTES, O.; VAINER, C.; MARICATO, E. **A cidade do pensamento único:** desmanchando consensos. Petrópolis: Vozes, 2000. p. 27-63.

VAINER, C. Utopias urbanas e o desafio democrático. **Revista Paranaense de Desenvolvimento**, Curitiba, n. 105, p. 25-31, jul./dez. 2003. Disponível em: <http://www.ipardes.gov.br/ojs/index.php/revistaparanaense/article/view/173/149>. Acesso em: 30 nov. 2020.

VENTRISS, C. The Economic Crisis of 2008 and the Substantive Implications for Public Affairs. **American Review of Public Administration**, v. 43, n. 6, p. 627-655, 2013.

VOWE, G. Politics, Policy, Polity. In: KAID, L. L.; HOLTZ-BACHA, C. **Encyclopedia of Political Communication**. London: Sage Publications, 2008. p 30-32.

WEIBLE, C. M.; SABATIER, P. A. A Guide to the Advocacy Coalition Framework. In: FISCHER, F.; MILLER, G. J.; SIDNEY, M. S. **Handbook of Public Policy Analysis:** Theory, Politics and Methods. New York: CRC Press, 2007. p. 147-169.

WEIBLE, C. M.; SABATIER, P. A.; MCQUEEN, K. Themes and Variations: Taking Stock of the Advocacy Coalition Framework. **Policy Studies Journal**, v. 37, n. 1, p. 121-140, 2009.

WEIMER, D. L.; VINING, A. R. **Policy Analysis:** Concepts and Practice. Boston: Pearson, 2011.

WERNER, J.; WEGRICH, K. Theories of the Policy Cycle. In: FISCHER, F.; MILLER, F. J.; SIDNEY, M. S. (Eds.). **Handbook of Public Policy Analysis**. New York: CRC, 2007.

WORLD BANK. **Brazil and the World Bank:** into the Fifth Decade. Washington, 1990.

YANOW, D. Tackling the Implementation Problem: Epistemological Issues in Implementation Research. In: PALUMBO, D. J.; CALISTA, D. J. (Ed.). **Implementation and the Policy Process**. New York: Greenwood Press, 1990. p. 87-104.

ZANETTI, L.; ADAMS, G. In Service of the Leviathan: Democracy, Ethics and the Potential for Administrative Evil in the New Public Management. **Administrative Theory & Praxis**, v. 22, n. 3, p. 534-554, 2000.

Respostas

Capítulo 1

Questões para revisão

1. c. É preciso considerar que há direcionamento consciente de recursos de um grupo ou camada social a outro, ou seja, existem benefícios concentrados, mas também custos concentrados.

2. b. O Conselho de Desenvolvimento Econômico e Social corresponde a um órgão supranacional e foi concebido justamente para promover o diálogo com a sociedade civil.

3. a

4. Diante de um período pós-reformas do Estado vinculadas à Nova Gestão Pública, há um processo de valorização do cidadão, não apenas como beneficiário da política pública, mas também como ator ativo e participante do processo de formulação, implementação e avaliação dessa política. Soma-se a esse contexto as transformações sociais ocorridas no final do século XX, como a formação da *sociedade em rede*, alavancando a potência dos arranjos horizontalizados e de governança em rede.

5. *Condições* são tópicos que julgamos, individualmente, em nosso núcleo familiar ou entre amigos. Quando essa condição se transforma em um problema socialmente relevante, seja para a sociedade de forma geral, seja para algum grupo social específico, passa a se configurar como um problema coletivo, interpretado como algo que exige a atuação dos governos. Assim, tem-se a formação de um *problema público*.

Capítulo 2

Questões para revisão

1. c

2. Errado. O ciclo das políticas públicas não corresponde a dinâmica real, mas sim a uma abstração, um modelo heurístico.

3. a

4. Ao final do ciclo de atenção a questões, ou seja, adentrando a etapa de *pós-problema*, o tema já saiu do centro de atenção e encaminha-se para o "limbo", onde oscila entre uma atenção diminuta e interesses espasmódicos. Entretanto, nesse ponto, o tema já atingiu uma relação diferente com a atenção pública: durante o ciclo, novos programas, políticas e alterações institucionais implementadas tendem a persistir e, por isso, continuam gerando impactos positivos sobre o tema, ainda que já sem grande atenção pública.

5. A clareza nos objetivos é uma variável importante, já que sua ausência pode levar a problemas de compreensão e incertezas entre os atores envolvidos, não apenas das instâncias burocráticas de implementação, mas também dos atores externos ao Estado que conformam a arena política. Uma maior ambiguidade implica o deslocamento interpretativo dos responsáveis pela implementação de certa política, o que pode significar o desvirtuamento das intenções concebidas previamente. Os funcionários públicos da "linha de frente", ou seja, de atendimento direto ao público, ao se depararem com um alto grau de discricionariedade, correm o risco de tomar decisões que respondam mais a seus próprios valores, crenças e ideologias ou que contribuam para a gestão de suas cargas de trabalho, em desfavor de objetivos formulados para determinada política pública.

Capítulo 3

Questões para revisão

1. a

2. c

3. c. Ambos os autores defendem o rompimento com a visão linear de etapas alinhadas, avançando para abordagens sistêmicas em que múltiplos processos ocorrem de forma simultânea.

4. O sistema de crenças dos indivíduos é dividido em três diferentes níveis hierárquicos. No nível mais alto estão as crenças profundas, relacionadas às convicções ontológicas e normativas fundamentais, que apresentam grande resistência à mudança. No nível intermediário, concentram-se as principais crenças de uma política pública específica (*policy core beliefs*), envolvendo o conjunto de compromissos normativos básicos e as percepções gerais de causa e efeito. Mesmo que em menor medida, essas crenças também são resistentes à mudança. Por fim, no nível inferior estão as crenças secundárias, formadas por um conjunto menor e mais limitado de crenças sobre aspectos específicos da política pública ou de seu contexto. Esse nível é o mais suscetível a mudanças, sobretudo a partir da disseminação de novas informações e novos eventos.

5. Em ambos os modelos, identificamos a leitura do processo de produção de políticas públicas a partir de três fluxos, que estão vinculados aos problemas, às soluções e aos atores envolvidos. Contudo, apesar da similaridade, o modelo da lata de lixo adota um quarto fluxo (oportunidade de escolha), ao passo que o modelo dos fluxos múltiplos entende esse elemento como o resultado da interação entre os fluxos dos problemas, das soluções e da dinâmica política.

Capítulo 4

Questões para revisão

1. a. A obrigatoriedade é para municípios com população superior a 20 mil habitantes.

2. d. Há a necessidade de priorização de programas e projetos nos planos, de forma a organizar o processo de planejamento e alinhá-lo à hierarquização temporal das ações.

3. e

4. O Programa Bolsa Família está estruturado em três pilares: (1) a transferência de renda em si, que não está vinculada a um gasto específico e gera condições mínimas de autonomia a família beneficiária; (2) os condicionantes, atrelados a diferentes exigências a depender da situação de renda e da família, mas que se relacionam, por exemplo, à frequência escolar de crianças e adolescentes e ao acompanhamento de saúde de nutrizes e grávidas; e (3) os programas complementares que se desenvolvem conjuntamente, voltados a ações básicas como vacinação, acompanhamento de desenvolvimento infantil e pré-natal.

5. Há alguns conflitos entre produção e implementação da política urbana, como as divergências entre o plano diretor municipal e seus efeitos sobre a realidade efetiva ou ainda as inconsistências entre a promoção, pelo governo federal, do plano diretor participativo e seus reais impactos em termos de gestão democrática. Com relação à política de desenvolvimento rural, é possível destacar a transformação do Pronaf-Infraestrutura em ação do Pronat, vinculada à dimensão territorial, ou, ainda, à criação dos Territórios da Cidadania, alterando parcialmente as bases da ação pública voltada aos territórios rurais que, até aquele momento, eram realizadas pelo Pronat. Nessa resposta, é importante explicitar essas relações de conflito ou divergência entre os momentos de produção de uma política pública e os resultados assumidos por transformações ao longo do processo de implementação.

Sobre o autor

Paulo Nascimento Neto é arquiteto e urbanista, especialista em Direito Urbanístico e Ambiental, com mestrado e doutorado em Gestão Urbana. Atuou profissionalmente por quase uma década como servidor público no município de Curitiba (PR), exercendo diferentes funções de direção, entre as quais a Coordenação de Núcleo Regional de Urbanismo. Atuou também como consultor na área de planejamento urbano, com a participação e coordenação adjunta de uma série de planos setoriais municipais. Atualmente, é professor adjunto vinculado ao Programa de Pós-Graduação em Gestão Urbana da Pontifícia Universidade Católica do Paraná (PUC-PR) e editor adjunto da *Urbe – Revista Brasileira de Gestão Urbana*, desenvolvendo pesquisas no campo de políticas públicas, gestão metropolitana e política habitacional.

Impressão:
Dezembro/2020